해인의 달

현대수필가100인선Ⅱ · 38

해인의 달

장기오 수필선

수필과비평사 · 좋은수필사

■ 책머리에

수필은 누구나 부담 없이 읽고, 마음만 먹으면 직접 쓸 수도 있는 가장 친근한 문학이다. 다른 영역의 문학이 영상매체에 밀려 신음하고 있는 중에도 수필 인구만은 날로 증가하여 바야흐로 수필 전성시대를 구가하고 있는 이유도 거기에 있을 것이다.

시대적 추세에 힘입어 수많은 수필전문지, 수필동인지가 창간되고, 이에 비례하여 신진 수필가도 날로 늘어나다 보니 이제는 그 많은 작가, 그 많은 작품 중에서 문학성 높은 작품을 가려 읽는 일이 쉽지 않게 되었다. 이런 현상은 작가에게나 독자에게나 결코 바람직한 일이 아니다. 더 나아가서는 수필을 연구하는 후세들에게도 큰 부담이 될 것이다.

이런 문제를 해결하는 데는 출판인도 마땅히 한몫을 감당해야 한다는 평소의 소신에 따라, 본사가 기꺼이 그 역할을 맡기로 했다. 그 첫 번째 사업으로 시대를 대표할 만한 수필가 100인을 선정하고, 작가가 자선한 40편 내외의 작품을 수록한 문고본을 발간하여 이를 널리 보급함으로써 그 소임을 다하고자 한다.

본사는 사명감을 가지고 이 사업을 추진해 나가기로 했다. 작가 선정을 전담할 편집위원회를 구성하고 전권을 위임하여 일체의 사적인 정실이나 청탁을 배제함으로써 전문성과 공정성을 확보해 나갈 것이다.

따라서 이 기획물 속에는 작가의 문학정신뿐만 아니라, 본사의 문학사적 기여 의지와 편집위원 제위의 수필문학에 대한 애정과 문인으로서의 양심이 함께 담겨 있음을 자부한다. 다만, 작가를 선정하는 기준에는 많은 견해의 차이가 있을 수 있고, 선정 과정에서도 미처 챙기지 못한 부분이 있을 것이라는 사실만은 인정하지 않을 수 없다. 이 점에 대해서는 관계자 여러분의 양해 있으시기 바란다.

이 시리즈의 발간 순서는 작가, 또는 본사의 사정에 의한 것일 뿐 그 밖의 어떤 기준도 적용하지 않았음을 밝힌다.

본 기획물이 시대를 초월한 많은 수필 애호가들의 관심과 애정 속에 우리나라 수필문학 발전에 한 이정표가 되기를 바랄 뿐이다.

본사에서는 이상과 같은 취지로 『현대수필가 100인선』 전 100권을 완간하여 큰 반향을 불러일으킨 바 있다.

그러나 우리 수필문단의 규모나 수필문학의 수준에 비추어 선정 작가를 100인으로 한정하는 것은 형평성이나 효율성 면에서 크게 부족하다는 의견이 많았고, 본사 또한 이를 통감하던 터라 기꺼이 『현대수필가 100인선 II』를 발간하기로 했다.

본사의 충정에 찬동하여 출판에 응해주신 저자 여러분에게 감사한다.

2015년 9월

수필과비평 · 좋은수필 발행인 서정환

현대수필가 100인선 간행 편집위원 박재식 최병호

정진권 강호형

오세윤

| **차례** | 현대수필가100인선Ⅱ · 38

1_부

희미한 옛 사랑의 그림자 • 12
허무한 마음 • 21
파장罷場 • 26
이별 후에 남는 것 • 32
은밀한 사랑 • 36
어떤 이별 • 43
우리는 악마를 보았다 • 49
선운사 동백꽃 • 54
누군가 나를 부르고 있다 • 59

2_부

그리움은 한恨이 되고 노래가 되고 • 66
어디 그것뿐이겠는가? • 70
나는 가짜다 • 74
어린이집 가는 길 • 79
늦바람 • 85
과객론過客論 • 90
차통의 전성시대 • 95
PD되기 • 100
한낮의 우울 • 111

3_부

하오의 고독 • 116
어느 봄날 • 120
슬픈 불꽃놀이 • 125
사라지는 것은 시간이 아니다…… 우리다 • 130
반전反轉의 묘미 • 135
내가 담배를 끊은 이유 • 141
갈대밭의 들고양이 • 146
황제의 방 • 151
해인海印의 달 • 156

4_부

전야前夜, 그 쓸쓸함에 대하여 • 162
백수광부白首狂夫의 겨울 • 167
바람 부는 날은 고향이 보고 싶다 • 171
마음은 언제나 외로운 사냥꾼 • 176
길 위에서 길을 묻다 • 182
귀거래사歸去來辭 • 187
간이역에서 • 192
가을 산사山寺에서 • 197
꽃의 의미 • 202
술 권하는 사회 • 207

■ 작가연보 • 213

1부

희미한 옛 사랑의 그림자

허무한 마음

파장罷場

이별 후에 남는 것

은밀한 사랑

어떤 이별

우리는 악마를 보았다

선운사 동백꽃

누군가 나를 부르고 있다

희미한 옛 사랑의 그림자

1960, 70년대에 명동 입구, 옛 국립극장 뒤편에 '설파雪波'라는 다방이 있었다.

당시는 오디오가 귀했기 때문에 음악 애호가들은 주로 음악 감상실에 하루 종일 죽치고 앉아 시간을 보냈다. 명동극장 옆에는 '세시봉'이라는 팝 음악 감상실이 있었고 클래식 감상실로는 '르네상스'와 '아폴로' 등이 유명했다.

음악이 좋아서 그런 곳에 드나들었던 젊은이들이 없었던 것은 아니지만 음악을 알든 모르든 그런 곳에서 심각하게 턱을 괴고 앉아 음악을 들어야만 문화인의 축에 낄 수 있었다. 나같이 시골에서 올라온 촌놈들은 그 감상실에 한 번 가보는 것만으로도 큰 자랑으로 알던 시절이었다. 대개 주머니가 비고 할 일이 없으면, 쓴 커피 한 잔을 놓고 하루 종일을 죽치고 앉아 있었다. 한번 입장하면 문 닫을 때까지 앉아 있어도 무방했다.

그런 감상실과는 분위기가 다른 클래식 다방이 바로 '설파'이다. 이곳은 본격적인 음악 감상실처럼 어둠침침하지도 않을뿐더러 음악 감상을 위해 침묵을 강요하지도 않는다. 그런데도 여기에는 묘한 매력이 있다. 일층에 자리한 이 다방은 당시로서는 드물게 도로변으로 큰 통유리가 있어 거리가 다 내다보였는데 의자마저 스프링 위에 스펀지를 깐 싸구려 낡은 의자였기에 깊숙이 몸을 눕히면 지나가는 행인들의 구두가 보일 지경이었다. 비라도 오는 날이면 포도鋪道 위를 튀기는 빗방울을 바라보는 재미는 공연히 심각한 시절의 우울을 달래기에는 딱 좋은 장소이기도 했다.

이 다방 DJ는 클래식 감상실처럼 음악 곡목을 칠판에 적어 공고했는데 중간 중간에 간식처럼 나오는 곡이 사람들을 웃기기도 하고 울리기도 했다. 비라도 오는 날이면 그는 느닷없이 〈비 나리는 호남선〉을 틀어댔다. 클래식 다방에서 뽕짝이라니! 사람들은 처음에는 웃기도 하고 혹자는 이맛살을 찌푸리기도 하지만 성능 좋은 스피커에서 울려 퍼지는 그 애수 어린 가락에 2절쯤 가서는 모두들 말없이 비오는 거리를 내다보기 마련이었다.

이 다방에서 나는 한 여자를 만났다.

나는 당시 혼자였다. 수돗물도 잘 나오지 않는 불광동 꼭대기에 자취방을 얻어 거의 잠만 자다시피 했다. 겨울이면 연탄

불이 꺼져 버린 싸늘한 방에서 저녁 대신 소주로 허기를 달래면서 새우잠을 자곤 했다. 그래서 퇴근하면 집으로 가기보다는 명동 거리를 어슬렁거리면서 혼자서 술도 마시고 '설파' 다방에 불이 꺼질 때까지 앉아 있곤 했다. 그 다방은 늘 만원이었고 그래서 합석은 자연스러웠다. 그녀는 카프카를 읽고 있었던 것 같았다. 늘 굶주려 있던 나는 시비를 걸 심사로 말을 붙였다.

"〈변신變身〉입니까?"

나를 쳐다보던 그녀는 악간 시니컬하게 웃으면서 말했다.

"아닌데요. 〈성城〉인데요."

그러고는 이내 책으로 시선을 돌렸다. 갑자기 〈성城〉이 어떤 내용인지 생각이 나질 않았다. 말문이 막혀 있는데 그녀가 다시 한 번 힐끗 눈길을 주는데 조소嘲笑의 빛이 역력했다. 갑자기 얼굴이 벌게지는 걸 느꼈다. 라흐마니노프 피아노 협주곡이 절정을 향해 올라가고 있는 중이었다. 격렬한 피아노의 강한 악센트가 심장을 치는 듯했다. 그녀가 뭐라고 하는 것 같았는데 하나도 알아들을 수가 없었다.

나는 밑도 끝도 없이 "저녁을 사겠습니다." 하고는 일어나 나와 버렸다. 그러나 그녀는 그 말을 알아들었는지 어쨌는지 자리에서 꼼짝도 않고 앉아 책을 읽고 있었지만 나는 그녀가 나올 때까지 기다렸다. 다방을 나와 버스정류장으로 걸어가는 그녀를 치한처럼 치근덕거리면서 뒤쫓아가 무슨 말로 어떻게 꼬셨는지 기억나지는 않지만 나도 당신만큼이나 문학에 대해 일가견이 있으니 한 번 사귀어보면 손해는 안 날 거라고 했던 것 같았다. 우여곡절이 있었지만 나는 싫다는 그녀를 억지로 식당으로 끌고 가 된장찌개를 시켜 밥을 먹었다. 그리고 그녀를 신촌의 그녀의 집까지 바래다주었고 나는 불광동 자취집 근처에도 못 가고 통금에 걸려 파출소에서 새우잠을 잤다. 그 날 이후 나는 '설파'에 출근하다시피 했다. 그녀는 모 대학 국문학과를 나왔지만 전공과 관계 없이 무역회사에 나갔기 때문에 무척 지쳐 있었다. 나 역시 문학에의 열정에 목말라 있을 때였던 만큼 둘은 곧 친해졌다. 둘은 시를 외우고 소설을 이야기했다. 그녀와의 대화를 위해 나는 밤을 새워가며 책을 읽었고 그것은 다음 날 그녀를 감동시켰다.

팔짱을 끼고 저녁 내내 명동을 빙빙 거닐었고 지치면 '설파'에서 음악을 들으면서 피곤에 곯아떨어져 막차를 놓치기 일쑤였다. 그렇게 정이 깊어갔고 정이 깊어지면서 둘은 심각해지기 시작했다. 그녀는 요즘으로 말하면 처녀 가장이었다. 그녀가 번 돈으로 살림을 꾸려가고 있으며 밑으로 남동생이 셋이나 있어 그들이 장성할 때까지 뒷바라지를 해야 할 처지였다. 나 역시 쥐꼬리 같은 봉급에 외상값 갚고 나면 한 달 내내 여기저기 돈 꾸러 다니는 게 일이었던 만큼 내 앞가림도 벅찬 형편이었다. 손에 닿을 듯 닿지 않은 우리들의 거리는 언제나 일정했고 긴 골목을 돌아가는 그녀의 뒷모습을 향해 던지는 나의 위안은 늘 공허했다. 여자 하나도 마음 놓고 사랑할 수 없는 이 더러운 시대를 향한 나의 시퍼런 분노와 울분은 바다보다 깊었다. 때로는 어떠한 일이 있어도 서로 헤어지지 말자고 약속도 해보지만 그 역시 공허한 말장난에 지나지 않는다는 걸 우리는 모르지 않았다.

그렇게 사랑에 지쳐가던 어느 날, 그녀와의 연락이 끊어졌다. '설파'에서 통금시간까지 죽치고 있어도 그녀는 나타나지 않았다. 때로는 그녀의 집 앞 골목에서 퇴근하는 그녀를 기다렸지만 그녀는 종무소식이었다.

약 2개월 후 그녀에게서 만나자는 연락이 왔다. 이 희망 없는 사랑에 절망하기는 둘 다 마찬가지인데 혼자만 괴롭다고 잠적해 버린 그녀가 괘씸하기 짝이 없었지만 우선 연락이 닿았다는 사실에 고맙기도 했다. 몹시 미안해 하고 조금은 쑥스러워 하는 그녀는 약간 수척해 있었다. 나를 잘 쳐다보지도 못했다. 그날 그녀는 당시로서는 꽤 비싼 양식집에서 저녁을 샀다. 그녀는 거리의 야경을 쳐다보면서 무심히 말을 던졌다.

"나 결혼하게 되어요."

처음에는 무슨 말인지 잘 알아듣지 못했다.

"뭐라고요?"

비로소 그녀는 정면으로 나를 쳐다보면서 또박또박 말을 건넸다.

"결혼하게 되었습니다."

나를 쳐다보는 그녀의 눈망울에 이슬이 맺히더니 이내 굵은 눈물이 되어 흘러 내렸다. 그 눈물을 보자 나 역시 눈물이 솟구쳤다. 나 자신의 비루함과 초라함 때문이리라. 눈물을 감추려고 나는 고개를 들어 천장을 올려다봤지만 그런다고 눈물이 감추어지지는 않았다. 볼을 타고 뜨거운 눈물이 흘러내렸다.

나는 그녀를 평소처럼 집까지 바래다주었다. 버스를 타고 가는 내내 둘은 말이 없었다. 버스 정류장에서 내렸다. 나는 손을 내밀었다. 자괴감 때문에 얼른 헤어지고 싶었다. 그녀는 낮은 목소리로 말했다.

"차 한 잔 안 사 주실래요?"

둘은 찻집에 앉았다. 통금이 가까운 시간, 다방 안은 한산했다. 음악이 흐른 것 같았는데 아무 소리도 들리지 않았다. 커피를 시키고도 둘은 말을 잇지 못했다.

"재미교포예요." 한참 후에 그녀가 말했다.

"우리 집은 다 미국으로 가게 되었어요."

그녀는 몹시 낙담하는 나를 위해선지, 자기 자신을 위안받기 위해서인지 모르지만 자기가 왜 그 결혼을 받아들일 수밖에 없는가에 대해 설명을 했다.

이런 빌어먹을! 그녀는 결국 사랑보다는 현실을 택한 것이다.

나는 아무 말도 할 수가 없었다.

사랑하는 여자를 놓쳐야 하는 무능함과 자괴감이 갈증을 불렀다. 어디 가서 술이라도 한 잔해야지 그렇지 않으면 다방을 다 때려 부셔도 시원찮을 것 같았다. 나는 서둘러 일어났다.

그녀의 집이 보이는 골목까지 손도 잡지 않고 걸어왔다. 그녀가 걸음을 멈추고 말했다.

"이제 돌아가세요."

그리고 그녀는 돌아섰다. 몇 걸음을 옮기는 그녀를 향해 내가 떨리는 목소리로 말했다.

"사랑해."

이 말을 나는 그때까지 하지 않았다. 너무나도 흔해서 그 말을 하는 순간 우리들의 사랑은 꼭 삼류가 될 것 같아서였다. 처음이자 마지막 하는 말이었다.

그녀는 가던 걸음을 멈추었다. 그리고 돌아서 나를 쳐다봤다. 그녀의 눈에서 눈물이 흐르고 있었다. 나는 그녀에게 다가갔다. 조용히 그녀를 안았다. 그리고 그녀의 입술에 나의 입술을 포갰다. 그녀는 떨고 있었지만 입술은 촉촉했고 부드러웠다. 그녀가 흘리는 눈물이 입술을 타고 나의 입술을 들어왔다. 깊고 격렬한 입맞춤이었다. 첫 키스였다.

그날 나는 떡이 되도록 술을 마셨다.

그날도 나는 술 한 잔을 마시고 혼자서 '설파'에서 분노를 죽이고 있었다.

음악을 건성으로 들으면서 반은 자면서 그렇게 시간을 죽이고 있었다. 그때 딸랑딸랑하는 소리가 들렸다. '설파' 다방에는 전화가 오면 일반 다방처럼 큰 소리로 사람을 찾는 아니라 작은 칠판에다 찾는 사람의 이름을 적어 딸랑딸랑 종을 흔들며 실내를 한 바퀴 돈다. 음악을 감상하는 사람들을 방해하지 않으려는 배려에서다. 찾는 사람이 없을지라도 대부분의 사람들은 그 칠판을 습관적으로 쳐다보게 된다. 나 역시 그 칠판을 쳐다봤다. 그 순간 나는 화들짝 놀랐다. 내 이름이 적혀 있는 것이다. 누가 나를 찾는가? 나는 카운터로 가서 전화를 받았다. 그 순간 나는 온몸이 얼어붙는 것 같았다. 그녀였다.

"지금 비행기를 타야 해요."

나는 대답을 할 수가 없었다.

"어쩐지 거기에 있을 것 같아서……. 그동안…… 행복했어요."

그녀는 뒷말을 잇지 못했다. 나 역시 뜨거운 것이 목구멍을 치밀고 올라와 입이 떨어지지가 않았다.

"……행복하세요." 짤깍 전화가 끊어졌다.

그녀는 돌아서서 쭈그리고 앉아 울리라. 아니면 화장실로 뛰어가 변기의 물을 내리면서 통곡을 하리라. 나는 잘 가라는 말도 못하고 전화를 끊도록 내버려둔 멍청이 같은 행동이 부끄러워 머리를 감싸 안았다. 잠시 후 나는 메모지를 한 장 얻어 음악을 신청했다.

"오늘, 내가 사랑하던 여인이 미국으로 이민을 떠났습니다. 마음이 쓸쓸해 견딜 수가 없습니다. 붙잡지 못한 회한이 가슴을 칩니다.

격에는 맞지는 않습니다만 〈If you go away〉를 한 번만 들려주실 수 있는지요?"

잠시 후 그 노래가 나왔다. If you go away on this summer day로 시작하는 그 노래는 Please don't go away로 애절하게 끝난다. 내 심정을 그대로 대변하는 것 같았다. 노래를 듣는 내내 나는 고개를 숙이고 흐느꼈다.

나는 아직도 신촌 그 골목에서의 부드럽고 뜨거운 그녀의 입술을 잊지 못하고 어쩌다 If you go away 라는 노래를 들으면 가슴이 뭉클해진다.

이제 그녀도 나처럼 많이 늙었겠지.

허무한 마음

마흔을 갓 넘겼을 때, 그는 시내 카페에서 아주 골똘한 표정으로 혼자 앉아 차茶를 마시는 일이 잦아졌고 무엇 때문인지 몰라도 늦은 밤, 문득 잠이 깨어 새벽이 오도록 거실에서 서성거리기도 했다. 아주 드물게는 충동적으로 차를 몰고 밤새 고속도로를 달려 낯선 거리에서 술 한 잔을 마시고 새벽에 돌아오는 일도 있었다. 그는 상당 기간 마이너로 살았다. 남들처럼 알아주는 학교를 나온 것도 아니고, 더구나 업무가 전공 분야도 아니었다. 어느 때는 일거리를 집에 가져와 밤을 새워야 했고 남들이 아무렇지 않게 처리하는 업무도 그는 허둥대며 간신히 시간을 댔다. 그러나 그는 남들보다 더 열심히 일을 했다. 덕분에 이제 책상에 앉아서 결재를 할 수 있었고 모두들 정신없이 돌아치는 오후에도 그는 식후 약간의 오수午睡도 즐길 수도 있게 되었다.

그런데 어쩐 일인지 그때부터 그는 초조해지기 시작했다. 퇴근을 하다 문득 하늘을 올려다보며 이렇게 사는 게 아닌데, 하고 중얼거리곤 했다. 평생 세상 사람들로부터 따돌림을 받은 고흐가 새삼 불쌍했고, 눈 덮인 러시아가 보고 싶었고, 아내 몰래 헤드폰을 끼고 차이코프스키의 〈비창〉을 들으며 눈물을 흘리곤 했다. 이렇게 살고 말 것인가? 그는 혼자 거리를 헤매고 다녔다.

그 시절 우연히 압구정동 '에반'이라는 술집에 들렀다가 등이 곱사처럼 휘어진 아주 못생긴 여가수 하나를 만났다. 자기 몸집보다 더 큰 기타를 끌어안고 낮은 목소리로 부르는 노래에는 깊은 울림이 배어 있었다. 그는 거의 매일 그 가수의 노래를 들으러 그곳에 들렀다. 외모가 주는 슬픔 때문인지 그 여가수의 팬들은 의외로 많았다. 그러나 더 이상 드러내놓고 젊음과 사랑을 이야기할 수 없는 그런 나이, 그런 시절에 그는 그 여가수의 노래를 듣다 어이없게도 그녀와 눈이 마주쳤다. 그와 그녀는 그 여가수를 '로트렉'이라 부르며 그 가수가 노래 부르는 술집을 따라다니며 노래를 들었다. 그러다 정이 들었다. 매일 만났다. 혹시나 퇴근이 늦어지는 날도 그녀는 밤늦도록 그 술집에서 그를 기다렸다. 그도 그녀가 보고 싶어 조바심을 쳤다. 그들은 밤새워 술을 마시는 일이 잦아졌고 집에 들어가지 않은 날들도 많아졌다. 그렇게 정이 들면서 여자는 결단을 요구했고 그들의 만남은 우울해졌다.

그는 사랑의 낭만은 동경했지만 사랑을 위해 그가 가진 걸 포기할 만큼 용감할 수는 없었다. 그를 매료시킨 것은 흔히 신문의 하단기사로 치장되는 스캔들 유類의 저급한 사랑이 아니라, 근사한 레스토랑에서 촛불을 밝히고 와인 잔을 기울이며 그들만의 밀어를 주고받는 무지개같이 찬란한 그런 사랑의 환상이었다. 우선 그는 자기를 돌아봤다. 보잘것없는 집안에서 태어나 간신히 여기까지 왔지만 그는 두려웠다. 주위 사람들의 손가락질을, 기존의 질서에서 벗어나는 외로움을 그는 견딜 자신이 없었다. 자식들 또한 그렇다. 아이들은 이제 시작이며 아버지의 배신을 견디고 추스르고 버틸 능력이 없을 것이다. 진심에서 우러나는 사랑은 아닐지라도 의무에서라도 아이들이 홀로 설 때까지는 지켜주어야 했다. 그들에게 상처를 주어서는 안 된다고 생각했다. 어쩌면 아내는 그런 시련을 견디어 낼 수도 있을 것이다. 그러나 한편으로는 가진 것 없고 능력 없는 남편을 만나 적은 월급으로 불평 없이 아이들을 돌보며 가정을 꾸려온 아내로서는 억울할 것이다. 그는 주저했다. 사랑이 주는 벅찬 기쁨과 생의 활력은 잃기 싫으면서도 모험 뒤에 오는 비난은 피하고 싶었다. 그냥 그대로 안주하고 싶었다. 그러나 그녀는 좀 더 일찍 만나지 못한 것을 안타까워하며 지금이라도 흐르는 강물이 때로는 부대끼며 때로는 껴안고 도도하게 흐르듯, 그렇게 바다로 가고 싶다고 술에 취해 흐느끼는 일이 잦아졌다. 그러나 그는 대답할 수가 없었다.

어느 가을 날, 그날도 그들은 그 술집에서 로트렉의 노래를 듣고 술을 마시고 자정이 다 돼 나왔다. 그녀가 그랬다. 우리도 노래 한 번 불러 보자고. 그래서 그들은 술도 팔고 노래도 하는 술집으로 가 노래를 불렀다. 일요일이라 손님이 거의 없었다.

…… 수많은 시간과도 이별이에요. 이별이에요.
콧날이 시큰해지고 눈이 아파 오네요.……

노래를 부르는 내내 그녀의 눈은 축축했다.

돌아오는 차 속에서 그녀는 무심히 한마디 던졌다. "가면 되는데……." 스치는 바람 같은 말투였다. 쓸쓸함이, 그의 마음을 우울하게 했다.

이튿날부터 그녀는 사라졌다. 비상시 연락하던 전화도 받질 않았다. 술집 '에반'에서 문을 닫을 때까지 기다려도 그녀는 나타나질 않았다. 그녀의 집 앞에서 혹시 그녀가 나올 길 기다려도 그녀는 어디에도 찾을 수가 없었다. 한 달이 가고 두 달이 갔다. 그녀는 증발해 버렸다. 흔적도 없이……. 그는 부끄러웠다. 여자의 사랑 하나 지켜주지 못한 그는 자신을 자책하며 매일 혼자서 거리를 헤매며 술을 마셨다. 그저 그런 거라고, 삶에 죽음이 있듯이 사랑에도 이별은 기어이 오는 거라고 위안을 해보지만 그 허무한 마음을 다스릴 수가 없었다. 세상에 그 누구도 그녀가 떠난 자리를 메울 수 없을 것 같았고 그 어떤 기쁨도 위안이 될 수가 없을 것 같았다.

그러나 어쩌랴. 눈앞에 본 것도, 내 몸으로 겪은 것도 까마득하거늘. 중년의 나른한 한때의 낮꿈 같은, 여름철 양철지붕을 때리고 지나가는 소나기같이 그의 심장을 후려치고 지나가 버린 그 사랑을 언제까지나 기억할 수는 없었으리라. 처음에는 못 견디게 그리웠고, 그 다음에는 비가 온다든지 승진에서 누락되었을 때, 그리고 이제는 아주 드물게 생각이 나고 보고 싶다고 했다. 상처에 딱지가 앉듯 아물고 있었다. 이제는 꿈에서조차 나타나지 않는다며, 그녀도 이제 나를 잊어가는 모양이라고 말할 때는 그의 눈에 쓸쓸함이 가득했다.

그때 그들은 사랑했던가. 그때 그들은 행복했던가. 그리고 그럴 만큼 젊었던가.

나이가 든다고 사랑의 갈증이 없어지는 것이 아니라 의식 밑바닥에 깊숙이 숨어 있다가 상대를 만남으로 뜨거운 열정으로 치솟았을 것이다. 남은 것은 빛바랜 한때의 추억뿐, 아무런 희생도 없이 사랑을 얻으려던 그는 허무하다고 했다.

그러나 가슴속에 묻은 사랑 하나쯤 있는 그는 그래도 추억이 있어 나머지 생이 쓸쓸하지만은 않을 것이리라.

파장罷場

파장이었다. 둑방길에 줄지어 서 있던 트럭들도 서서히 전을 거두고 있었다.

멀리 보이는 벌판과 엉성한 잡목 숲에는 벌써 어둠살이가 밀려오고 보리 이랑 사이에서 모이를 줍던 참새 떼들도 다가오는 어둠에 당황한 듯 대숲으로 숨어들고 있었다.

몇몇 남은 장사치들은 '떨이'를 외치면서 하나라도 더 팔아보려고 목청을 높여본다. 시장 안의 기존 점포들도 전등은 켜고 있지만 이미 한산하기 짝이 없는 골목을 심란한 듯 내다보다 우리가 지나가자 혹시나 하는 기대 섞인 눈으로 쳐다봤다.

우리는 시장을 한 바퀴 돌았다. 차기 작품에 나올 1960년대의 시장의 모습을 찾아오긴 했지만 너무 현대적인 요소가 많아 실망한 터이다. 이미 어둠이 짙은 시장 끝자락에 서서 나는 다음 장소로 이동을 할 것인지 아니면 여기서 하룻밤을 묵을 것인지를 생각했다. 황량하게 펼쳐진 들판 너머 동네에서는 저녁을 짓는 연기가 광녀의 머리카락처럼 어지럽게 하늘로 올라가고 있고 그 연기는 운무처럼 들판을 덮고 있었다. 까닭 모를 슬픔이 몰려올 시간이다. 울적한 기분으로 발걸음을 옮기는데 누구가가 나를 쳐다보는 것 같았다. 뒤를 돌아다 봤다. 가게랄 것도 없이 길거리에서 화덕 딸랑 하나 놓고 파전을 부치는 할머니가 나를 간절하게 쳐다보고 있었다.

"파전 하나 팔아 주이소."

순간, 저 깊은 곳에서 침전해 있던 슬픔이 목울대로 밀고 올라오면서 와락 눈시울이 뜨거워졌다. 나는 자석에 끌리듯 할머니 앞으로 다가가 차가운 할머니의 손을 잡고 고개를 끄덕였다. 할머니는 영문을 몰라 멍하니 나를 바라다봤다.

나는 앞서가던 스태프들을 향해 소리쳤다.

"야, 여기서 막걸리 한 잔씩 하고 가자."

스태프들이 와 몰려왔다.

"할머니! 파 있는 대로 부치세요. 우리가 다 먹을 테니까요."

"아이고! 이런 고마울 수가……." 하면서 연신 고맙다고 고개를 숙였다.

파전은 여느 파전과는 달랐다. 밀가루 반, 파 반이 아니라 진짜 파만으로 부친 파전이었다.

막걸리가 몇 사발째인지 가늠은 안 됐지만 제법 알딸딸해졌을 때는 장꾼들은 거의 다 돌아가고 시장은 적막감이 감돌고 있었다. 기생 눈썹 같은 초승달이 간신히 어둠을 밀어내고 있었다.

어머니가 그랬다. 이 할머니처럼 그렇게 고단하게 사셨다. 아버지는 6 · 25 동란 와중에 돌아가시고 그동안 일구어 놓았던 재산은 한 줌의 잿더미로 변했다. 유명한 형산강 전투로 제법 큰 한옥으로 기억되던 집은 폭격으로 거의 폐허가 되다시피 했고 할아버지가 얼기설기 못질을 하고 가마니로 간신히 바람을 가렸지만 군데군데 뚫린 바람벽으로 황소바람이 몰아쳤고 쥐들까지 극성을 부려, 자는 이불 속으로까지 들락거렸다.

생계는 막연했다. 당시 이 땅의 모든 어머니들이 그랬던 것처럼 생의 한가운데서 나의 어머니도 필사적으로 몸부림쳤다. 식량을 얻어 볼 요량으로 친정에도 구원을 청했던 것 같지만 척박한 시대에 외갓집이라고 선뜻 도울 정도로 여유가 있었던 것도 아니었던 것 같았다. 외가에 다녀온다고 아침 나절에 나간 어머니가 자루에 반도 안 되는 식량을 마루에 내려놓고 저녁노을을 하염없이 바라보는 모습은 어린 나이에도 꽤나 슬퍼 보여 감히 어머니 근처에 가질 못했다.

그러던 어느 날 어머니는 더 이상 외갓집에 발걸음을 하지 않았다. 대신 어머니는 청송에서 고추를 사다 시장에 내다 파는 일을 시작했다. 청송은 경북지방에서도 내륙에 위치한 오지중의 오지였다. 왜 하필 그 먼 곳까지 가서 고추를 사와야 하는가에 대해 어릴 때에는 의아해 했지만 짐작건대 교통이 발달하지 않아 물류가 활발하지 않았던 당시에 지방 특산물을 가져왔을 경우 다른 물건보다 이익이 수월찮게 많았기 때문이 아니었을까 싶다.

어머니는 새벽 동이 트기 전에 집을 나서 오밤중에서야 돌아왔다.

식구들이 모두 잠든 깊은 밤, 어머니는 당신의 몸피보다 더 큰 고추 자루를 마루에 내려놓고 가물거리는 호롱불 밑에서 통통 부어 버선이 빠지지 않는 물집이 잡힌 발을 안고 우는 모습을 나는 여러 번 봤다. 자는 나를 껴안고 탄식하는 어머니 때문에 때로는 잠에서 깨어 칭얼거리기도 했고 때로는 슬퍼서 같이 울기도 했다. 나는 아버지가 돌아가신 그날부터 어머니 얼굴을 볼 수가 없었다. 늦게 돌아오는 어머니를 기다리다 매번 졸려 잠이 들기 일쑤였고 어머니는 아무렇게나 잠든 나를 껴안고 넋두리처럼 혼자서 신세타령을 하면서 울었다. 꿈같기도 하고 아닌 것 같기도 하면서 그런 어머니를 보챘고 그럴 때마다 내일은 아무데도 안 갈 거라고 나를 안심시켰지만 아침에 눈을 뜨면 매번 어머니는 없었다. 나의 기억에서 나를 안고 우는 그 동굴처럼 깊고 깊은 어머니의 눈방울이 아련하다.

때로는 도매금으로 고추를 넘기지 못한 날은 시장에 직접 내다 팔았다. 나는 어머니와 함께 있는 게 신이 나서 하루 종일을 난전에서 어머니와 함께 있었다.

날은 저물고 물건은 다 팔리지 않았을 때의 그 아늑하고 절망적인 어머니의 표정을 나는 그 할머니에게서 읽었다. 봉지쌀이라도 사가지고 가야 끼니라도 끓일 것인데, 하면서 저물어가는 하늘을 원망스럽게 쳐다보던 그 얼굴 말이다.

그날 저녁 나는 꿈에서 어머니를 봤다.

내가 결혼해서 첫 주택을 장만했던 어느 봄날, 마당에 팬지를 사다 심었던 그 집에서 어머니는 곱게 한복을 차려 입고 마당을 내다보면서 내게 말했다.

"애야, 꽃이 곱네." 하고 웃었다.

꽃이 웃었고 세 살배기 첫아이가 까르르 웃었고 나도 웃었다.

일생을 종종거리며 한번도 편안하게 살아본 일이 없는 어머니의 얼굴에는 어둡고 긴 삶의 터널을 무사히 빠져나왔다는 안도와 평화가 서려 있었다.

꿈속에서도 그 때 그 봄날처럼 어머니는 편안하게 웃었다.

파랑, 노랑, 빨강 팬지가 흐드러지게 피어있는 그 집에서 생전처럼 그렇게 웃었지만 나는 그런 어머니를 보면서 울었다. 어머니가 말했다.

"애야, 울지 마라. 꽃이 얼마나 예쁘냐? 꽃이 이렇게 예쁜데 너는 왜 울기만 하냐."

하면서 혀를 끌끌 찼다.

그렇게 울다 나는 꿈을 깼다.

어머니 그럴게요. 웃을게요. 아무리 삶이 고단하더라도 어머니 말처럼 그렇게 웃을게요.

이별 후에 남는 것

사무실을 옮기려고 서류 정리를 하는데 오래된 책 속에서 매캐한 먼지와 함께 풀썩 하고 무언가가 떨어졌다. 동시에 그의 마음도 덜컹했다. 무언지는 모르지만 누가 볼까 봐 주위를 얼른 둘러보고 조심스럽게 집어 들었다. 사진이었다. 볕이 잘 드는 창가로 가 사진을 들여다보았다. 이미 오래전에 헤어졌고 이제는 기억도 까마득한 한 여자가 웃고 있었다. 촉촉한 얼굴로 지금껏 미소를 지으며 그를 보고 있었다. 그만 잊어버린 걸까? 그녀는 아직도 그를 생각하고 있는 걸까? 미움도 연민도 아닌 마음으로 먼지를 조심스럽게 닦아내고 다시 들여다보았다. 색채도 많이 낡았고 인화지도 누렇게 바랬다. 움켜쥐면 바스라질 것 같았다. 하늘을 올려다봤다. 핏빛 노을이 섬뜩하게 아름다웠다. 그가 저런 아름다운 노을에 실려 이 세상을 떠날 때까지 그녀는 사진 속에서처럼 남아 그윽한 눈빛으로 그를 위안해 줄까?

망각의 저편에 있던 한 여인이 그에게 다가왔다. 헤어지고 나서 한동안 그는 이상한 체험을 했다. 떠난 그녀는 분명 눈앞에 없는데 그녀의 목소리가 들리는 것 같았고, 그녀의 체취가 콧가를 맴돌았다. 손으로 얼굴을 만져 봐도 감정 없이 앞만 보는 단지 종이일 뿐인데 그 속에 있는 그녀는 실제처럼 생생했다. 그녀는 떠나고 없는데도 그녀와의 관계는 그렇게 한동안 지속되었다. 어둑어둑 비 내리는 날, 창가에 서면 같이 걷던 거리가 생각나고 라디오에서 멘델스존(Mendelssohn)의 〈바이올린 협주곡〉이 나오면 해맑게 웃던 그녀의 얼굴이 떠올랐다. 사진을 꺼내보곤 했다. 그러면 그녀가 금방 그에게 다가올 것 같아 공연히 가슴이 두근거렸다.

지나갔기 때문에 아름다운 것인가? 아무리 지독한 고통이라도 그 시간이 지나면 추억담으로 회상할 수 있다. 그녀와의 시간에 어찌 기쁨만 있었겠는가. 때로는 얼굴을 붉히고 몇 개월간 연락도 하지 않았다. 미움으로 밤을 지새우기도 했다. 별것 아닌 일로 그들은 이별의 말도 없이 연락을 끊었다. 그러나 그 시간은 지금의 시간이 아니기 때문에 오히려 아련했다. 살아있는 시간이 아니기 때문이다. 지금 당장 살갗을 파고드는 아픔이 아니기 때문이리라.

나이가 들고 세상이 그에게 등을 돌리고 분노도 열정도 없이 적막하게 살아남아 넘어가는 저녁 해를 보면서 공연히 쓸쓸해 하는 세월이 계속됨에 따라 그녀도 자연히 잊혀갔다. 사진이 세월과 함께 낡아 바스라지듯 말이다. 그러다 어느 날 책 속에 숨었다가 불쑥 나타난 것이다.

한때를 생각해 보았다. 사람의 발길이 끊긴 인적 없는 한계령 산장에서 차 한 잔을 놓고 안개 자욱한 설악의 모습을 내려다보던 어느 늦가을의 고적한 외출, 남한강 가에 차를 세우고 밤늦도록 문학과 예술을 이야기하던 열정적인 시간들. 둘은 언제까지나 그렇게 낭만적으로 살 수 있을 것으로 생각했다. 그러나 지지 않는 꽃이 어디 있겠는가? 조금씩 의견이 빗나가기 시작하면서 서로 마음의 벽이 쌓아지기 시작했다. 언제까지 이어질 것 같았던 그들만의 잔치도 마지막을 준비하고 있었다. 제도권 진입이 어렵다는 걸 서로가 잘 알면서도 인정하고 싶지 않았던 것이다. 이별의식도 없이 소식을 끊었다.

누군들 한때의 아름다운 추억이 없겠느냐만 칠십을 바라보는 나이에 젊은 날의 사랑을 추억하자니 새삼 가슴이 먹먹해진다. 그는 책상 앞에 한동안 망연히 앉아 있었다. 정신을 가다듬으려고 화장실에 가 세수를 하고 거울을 보는데 웬 늙은이가 서 있었다. 깊게 파인 주름이 고집스러운, 마른 삭정이처럼 물기란 물기는 다 빠진 삐쩍 마른 노인 하나가 초라한 모습으로 서 있었다. 허물어져 가는 폐가廢家 같았다. 화들짝 놀랐다. 잠시 젊었을 때를 회상했는데 그새 그를 잊어버린 것이다. 벌게진 얼굴로 사무실을 나왔다. 조금 이른 시간이긴 하지만 근처 단골 술집 노천좌석에 앉아 막걸리를 마셨다. 술잔으로 나뭇잎이 내려앉았다. 나무를 올려다봤다. 나무는 잎을 떨어뜨리고 있었다. 비우는구나. 인연을 끊는구나. 비워야 채워지고 빈 하늘이 있어야 댓가지에 걸린 달이 더욱 아름다울 것이다. 비우고, 잊을 수 있다는 것도 하나의 축복이리라. 사람은 기억해야 것도 많지만 잊어야 할 것도 적지 않다. 잊고 비우자. 그래야 편안해진다. 잊지 못하면 미련이 남고 슬픔이 남고 그래서 회한이 남는다.

혼자 중얼거렸다. "사랑도, 열정도……. 하잘 것 없었던 젊은 날의 명예까지도 이제는 잊어버리자." 그는 사무실로 되돌아왔다. 낡은 사진을 꺼내 다시 한 번 그녀를 뚫어지게 쳐다봤다. 가볍게 입을 맞추고는 불을 붙였다. 바짝 마른 인화지는 순식간에 후루룩 타 들어갔다. "잘 가거라. 내 청춘아." 그는 낮게 웅얼거렸다. 한 줌의 재로 변한 사진은 꼭 그의 모습을 닮은 듯 비참해 보였다.

문을 잠그고 밖으로 나와 몇 발자국 걸음을 옮기는데 갑자기 앞이 뿌예지더니 눈물이 주르르 흘렀다. 그리고는 걷잡을 수 없이 쏟아졌다. 그는 은행나무를 잡고 하늘을 올려다보며 눈물을 삼켰다. 머리 위로는 낮달이 외롭게 떠 있었고 낙엽이 우수수 떨어지고 있었다.

겨우 울음을 수습한 그는 우울한 얼굴로 호주머니에 손을 찌르고 어슬렁거리며 걸었다. 그해 겨울은 유난히 추웠다.

은밀한 사랑

장대 같은 비가 쏟아지는 어느 날이었다. 그는 빨간 스포츠카를 몰고 청평 쪽으로 향하려다 이렇게 비가 쏟아지는데 무엇 때문에 기를 쓰고 집에 가야 하나 하는 생각이 들었다. 창밖을 후려치는 빗줄기를 보면서 그는 가슴 밑바닥에서부터 밀려오는 원인 모를 우울과 감상을 이겨내지 못하고 기어이 잠실 어느 술집 앞에 차를 대었다.

그가 술집에 들어갔을 때 술청에는 손님이라곤 하나도 없었고 바텐더 앞에 여자 하나만 달랑 혼자 앉아 있었다. 그는 그 여자와 두 의자쯤 떨어진 곳에 자리를 잡고 맥주를 두 병 시키고 갈증 난 사람처럼 연달아 두 잔을 들이켰다. 그러자 양주 한 잔 놓고 홀짝거리던 옆의 여자가 맛있게 맥주를 들이켜는 그를 부러운 듯 쳐다보더니 그랬다. "저, 맥주 한 잔만 주실래요?" 하고 약간 술이 취해 흐릿한 눈으로 그를 돌아보면서 혼잣소리처럼 중얼거렸다. 그는 "아, 그러죠." 하면서 아예 술병을 들고 옆자리로 옮겨 앉아 수작을 붙이기 시작했다. 그의 말을 빌리면 그날 그 여자는 그 어느 영화의 히로인보다 더 멋져 보였다는 것이다. 비가 억수로 쏟아지는 늦은 밤, 여자 혼자 바에 앉아 외롭게 술을 마신다. 그가 써온 드라마의 시작도 항상 그랬다. 그는 그 여자를 상대로 술을 마시면서 고달프고 쓸쓸한 중년의 인생을 약간의 과장을 섞어 늘어놓았고, 여자 역시 고개를 끄덕거리면서 진지하게 경청을 했다. 내가 아는 것은 거기까지였다.

그는 드라마작가였다. 그는 영화 시나리오도 쓰고 방송드라마도 썼다. 그러나 그 연륜에 비해 명성은 그리 찬란한 것이 못 되었다. 그러던 어느 날 행운이 찾아왔다. 한국의 대표적인 장편소설을 '원작 그대로 각색'하라는 조건이 붙여 각색 제의가 들어온 것이다. 원작을 그대로 옮기라는 조건 때문에 물망에 올랐던 몇몇 작가들이 난색을 표명하자 돌고 돌아 그에게 돌아온 것이다. 한동안 일이 없어 작품에의 갈증도 있었고 생활도 빠듯했던 터라 그는 그러거나 말거나 승낙했다. 그 작품은 10권이 넘는 대하소설로서 잘하면 2년 정도는 밥 걱정은 안 해도 된다는 것이 최대 매력이었다.

그는 최대한 궁상을 떨어 우선 생활비 명목으로 특별고료 전체의 반을 받아냈다. 그리고는 개략적인 작품의 스토리를 세워 시놉시스(synopsis)를 제출하고 연출자와 함께 촬영장소 헌팅을 떠났다.

조선 말기의 나루터를 찾아 청평 부근을 헤매다 본인의 말로는 눈에 번쩍 띄는 장소 하나를 발견했다. 촬영장소가 아니라 집필 장소로서 더없이 좋아 보이는 별장 같은 집을 발견한 것이다. 언덕 위에 자리 잡은 그 집은 정남향으로 마루에서 강이 내려다보이는 운치 있는 집이었다. 그는 그 자리에서 계약을 하고 이튿날부터 한 보름 동안 마루를 고치고 페치카를 설치하는 등 집 안을 손보고 본격적인 집필생활에 들어갔지만 불편한 것이 한둘이 아니었다. 식사 문제가 제일 그랬다. 그는 동네를 돌아다니면서 시가보다 좀 더 값을 쳐주고 다른 집 한 채를 더 사들여 서울 집을 팔고 가족들을 이사시켰다. 그야말로 전원생활을 시작한 것이다.

한동안 그는 대단히 만족한 생활을 했고 그의 가족들도 전원생활에 점점 길들여져 가고 있었다. 그러나 방송이 시작되기 전에는 대본만 써서 열흘에 한 번 정도 방송국에 넘겨 주기만 하면 되었지만 방송이 시작되면서 크고 작은 일로 방송국에 불려나가는 일이 잦아졌다. 불편을 느낀 그는 나이에 걸맞지 않게 빨강색 스포츠카를 하나 장만해 청평가도를 신나게 달려 집과 방송국 사이를 왔다 갔다 했다. 사람들은 입을 삐죽거리면서 천박한 폼을 잡는다고 흉을 봤다. 그러거나 말거나 그는 신이 나서, 즐거워 죽겠다는 표정으로 방송국에 얼굴을 디밀곤 했다.

그렇게 한 일 년이 흘러갔다. 드라마도 그런대로 잘나갔고 전원생활도 안정되어 모든 게 편안해 보였다. 그런 그가 가끔 밤늦은 시간에 잠실 부근에서 발견되는 경우가 있곤 했다. 어떤 때는 술에 취해, 어떤 때는 술집에서 혼자서 술 마시다가 들키기도 했다. 그때마다 그는 원고 협의가 늦어서 오늘은 서울에서 자고 가야 한다면서 되도록 집 가까운 곳에서 자려고 잠실까지 왔다며 계면쩍은 듯 웃곤 했다.

집이 잠실인 나도 가끔 밤늦게 불러나가 그런 그와 어울려 술을 마시곤 했다. 그때마다 그는 집으로 전화를 해서 자기 부인을 바꿔주면서 나와 함께 있음을 증명시켰다. 그러다 드라마가 끝나자 그는 여의도에서 자취를 감추었다. 대개 작가들은 큰 작품 하나 하고 나면 여행을 간다든지 혹은 시골에서 차기작 구상한다든지 하면서 여의도에서 사라지는 것이 일반적이다. 우리는 으레 그러려니 했다.

그러던 어느 날 그가 병원에 입원해 있다는 연락이 왔다. 평소에 건강하던 그라 별일도 다 있다면서 우르르 몰려갔다. 그는 평소대로 히죽이 웃으면서 곧 나을 거라면서 의사놈들이 과장해서 그렇지, 내일 모레쯤은 퇴원할 거라고 장담을 했지만, 의사 말로는 그는 목숨이 경각에 달려 있다는 것이다. 너무 늦게 암을 발견한 것이다. 이런 저런 절차를 거쳐 수술로 들어갔으나 수술 후 그는 의식을 회복하지 못하고 뇌사상태로 들어갔다.

암으로 죽는 사람이 한둘도 아닌 세상에, 운명이려니 생각하지만 사람 사는 게 사는 게 아니라는 등 난감해 하면서 저마다 심각하게 한숨을 쉬고 있는데, 웬 여자 하나가 중환자실 복도를 들어서면서 울음을 터트렸다. 그때까지만 해도 그녀는 우리하고는 아무 상관도 없는 또 다른 사람의 병문안을 온 줄 알았다. 그런데 그 여자는 곧바로 그의 부인에게로 오더니 "아이고 형님, 이 일을 어쩝니까?" 하며 울부짖는다. 그의 부인은 "형님이라뇨? 누구신지 모르지만 사람을 잘못 봤는데요." 했다. 그러자 그녀는 "아이고, 작가 누구 씨 아닙니까." 하는 거였다. 순간 그의 부인은 까무러치고 말았다. "이 인간이 가족들 시골에 처박아놓고 돌아칠 때 알아봤어야 하는 건데." 하면서 가슴을 쳤고 주위 사람들도 어떻게 위로를 해야 할지 난감해 했다. 중환자실에 의식을 놓고 있는 남편을 붙들고 멱살잡이를 할 수도 없고, 그의 아내는 혼자서 가슴을 쥐어뜯으면서 배신감에 몸을 떨었다.

한 보름, 이상한 동거가 시작되었다. 면회시간만 되면 귀신같이 나타나 먼저 면회를 하고 눈물을 바가지로 쏟아내는 바람에 부인은 서러움은커녕 오히려 증오만 쌓여갔다. 실성한 사람처럼 복도를 오가면서 "아이고, 저 인간을……, 저 인간을 어쩌지." 하면서 분해 어쩔 줄 몰라 했다. 사람들은 난데없이 나타나 분위기를 어색하게 만든 그녀의 자발없는 처신을 나무라며 이제 그만 돌아가라고 해도 막무가내였다. 틀림없이 돈 푼깨나 뜯어내려고 저럴 것이라며 모두들 경계심을 늦추지 않고 조마조마하게 지켜봤다.

그러다 그는 보름을 넘기지 못하고 타계했다. 그녀는 그 부인보다 더 서러워했다. 그 바람에 그 부인은 남편이 죽었는데도 기가 막혀 눈물도 제대로 흘리지 못했다. 때로는 울다가도 서럽게, 서럽게 우는 그녀의 모습을 물끄러미 쳐다보고는 "미쳐, 내가 미쳐." 하며 가슴을 치곤 했다. 장지까지 따라간 그녀는 입관할 때 너무 서럽게 울어 전후 사정을 잘 모르는 사람들은 그녀가 누군데 저렇게 애통해 하느냐고 서로들 물어보기까지 했다고 전해졌다.

그러나 무사히 장례를 치르고 난 후 그녀는 어디에도 찾아볼 수가 없었다. 우려한 대로 위자료를 뜯으려고 한 것이 아니었던 것이다. 사람들은 비로소 엄숙해지지 시작했다. 처음에 우리들도 그 은밀한 사랑을 비쭉거리면서 경멸했지만 정말 그녀는 그를 여한 없이 사랑했을 것이라고 생각이 차차 들면서 종내에는 부러워하는 속내들을 드러냈다.

만약 그가 그렇게 갑자기 타계하지 않았다면 언제까지 그 사랑이 지속되었을지는 알 수 없지만 모 고위층 인사와 큐레이터의 만남처럼 목적이 있어 보이지 않았기에 사람들은 그의 마지막을 이해하는 듯했다. 춘희가 돈만을 위해 살았다면 매

춘부를 면하기 어려웠겠지만 목적 없이 한 남자를 좋아했기 때문에 사랑이 되었듯이, 남들이 보면 불륜이었지만 당사자들에게는 가슴 저린 사랑이었을 것이라고 말이다.

보고 싶어 소리쳐 불러도 그리운 것은 문이 되어 닫혀 있을 때가 그 얼마였기에 늦은 밤 잠실의 술집을 그렇게 헤맸을까. 헤어져 돌아갈 때마다 안타까움으로 걸음을 멈추고 돌아보고 다시 돌아보기를 그 얼마나 되풀이했겠는가. 설렘으로 가슴 조이며 둘 사이의 숨 막히는 암호를 주고받으며 끝내 독배가 될지언정 부딪치는 술잔에는 무지개 같은 빛살이 축복처럼 쏟아졌으리라.

우리 인생이 다 그렇듯 잠깐 잠깐의 인연이 누구에게는 축복이 될 수도 있고 누구에게는 치욕이 될 수도 있다. 부인의 입장에서는 생의 치욕으로 남을 수도 있겠지만, 마지막 불꽃처럼 찬란하게 사랑한 짧은 그 한순간은 그의 인생에서 가장 아름다운 추억으로 기억될 수도 있으리라. 다만 죽어서라도 은밀히 간직될 수 있었더라면 호사가들의 입방아에 오르지 않고 좀 더 아름다운 그들만의 사랑으로 남았을 텐데 그는 그렇게 세상을 뜨려고 허망하게 사그라져가는 불꽃같은 사랑을 했을지도 모른다.

그가 생각날 때마다 은밀한 사랑의 의미를 되새겨 본다.

어떤 이별

배는 언제 떠날지 알 수가 없었다. 제법 빗방울이 굵어지면서 부두를 때리는 파도도 점점 거칠어지고 있었다. 우리는 근처 해장국 집에서 아침을 시켜놓고 배가 출발하려면 다소의 시간도 있고 또 이 거친 바다가 잠잠해져야 배가 출항할 테니까 남은 시간도 때울 양으로 해장술을 시켜놓고 홀짝거리고 있었다.

더럽고 지저분한 창문 저쪽 항구는 짐수레꾼과 뱃사람들의 고함소리로 시끄러웠다. 우리는 망연히 그런 광경을 내다보며 다소 느긋한 심정으로 아침을 먹었다. 사실 연출자나 스태프들에게는 이런 장소 헌팅의 시간이 가장 행복한 시간이다. 실제로 촬영에 들어가면 初秒치기에 들어가기 때문에 그런 감상에 젖어있을 짬을 허용하지 않는다. 그러기에 헌팅 때는 다소 좋은 음식도 찾아먹고 저녁에는 술도 한 잔씩 하면서 여유를 부리곤 한다.

빗줄기는 창문을 쉼 없이 때리고, 파도는 우우 소리를 지르며 방파제를 넘으면서 거대한 포말을 만들어 내곤 한다. 그런 눅눅하고 비릿한 항구의 냄새가 식당 안까지 번지면서 아침이지만 해장 삼아 마시는 술 맛이 제법 괜찮았다.

소주 한 병이 다 비었을까, 갑자기 입구가 떠들썩해지면서 문이 거칠게 열렸다. 그 바람에 바다의 비릿한 냄새와 짭짤한 소금기가 식당 안을 확 덮치면서 뒤이어 남녀가 엎어지듯 밀려들어왔다. 다소 투박하게 보이는 남자가 성큼성큼 들어오고 뒤따라온 여자는 이미 술이 취한 듯 눈동자는 풀려 있었고 얼굴은 벌겋게 상기되어 있었다. 머리는 심하게 헝클어져 있었으며 옷맵시도 단정치 못했다.

남자의 옆자리에 가지런히 앉은 여자가 "자기야, 가지 마라. 응?" 하며 안타깝게 남자의 팔을 잡고 흔드는데 발음이 엉킨다. 남자는 그런 여자를 무표정하게 힐끗 보더니 "여기 해장국 하나!" 하고 소리친다. 여자가 얼른 받는다. "소주도 하나!" 하고 추가한다. 식당 아줌마가 못마땅한 듯 혀를 끌끌 찬다.

해장국이 나오자 남자는 말없이 밥을 국에 말아 후룩후룩 먹고 여자는 남자의 잔에 술을 한 잔 따르고 자기 잔도 채우더니 "자기 짠!" 하고는 기어이 남자와 잔을 부딪치고 술을 단숨에 털어 넣는다. 그리고 남자의 얼굴을 민망스러운 정도로 빤히 쳐다보면서 "내 잘해줄게. 응?" 하며 혀 꼬부라진 소리로 남들이 보면 민망할 정도로 밥 먹는 남자의 얼굴을 쓰다듬고 뽀뽀도 하면서 애교를 떨었지만 남자는 막무가내 이렇다 저렇다 말이 없었다. 아니 거의 확고해 보였다.

여자는 술집여자인 것 같고 남자는 떠돌이인 것 같았다. 둘은 이리저리 떠돌다 어렵게 만나 서로 사랑을 한 것 같았고 얼마 안 가 싫증을 느낀 남자는 여자를 떠나려 하는 것 같았다. 그러기에 여자는 남자를 붙잡아 두려고 옆에서 봐도 애절할 정도로 사정을 하고 남자는 그런 여자와 이제 신물이 난다는 투로 경멸하며 떠나려 하는 것이리라. 남자는 그녀를 이야기를 듣는지 아닌지 시종 무표정하게 밥을 먹고 또 여자가 따라 준 술도 마다치 않고 받아 마셨다. 여자는 또다시 술을 시켰다. 이제 여자는 완전히 취했다. 우리 일행은 눈살을 찌푸리고 혀를 차며 하나 둘 식당을 나가 현관 앞에 있는 자판기 커피를 뽑아 마시면서 비가 그치길 기다렸다. 남자가 숟가락을 놓자, 식당 아줌마가 그릇을 치우는 척하며 다가와 남자에게 말했다.

"김 씨! 그냥 가면 어떡해. 애는 어떡하라고!"

"알아서 살겠죠."

갑자기 식당 아줌마가 남자의 등때기를 후려쳤다.

"나쁜 놈! 야금야금 빨아먹을 때는 언제고, 이제 와서 차 버려! 에이 이 나쁜 놈!"

하고 다시 등때기를 후려치려 하자 옆에서 가만히 듣고 있던 여자가 갑자기 벌떡 일어나더니 벼락같이 소리를 친다.

"아줌마가 뭔데 이 사람을 때려." 하면서 눈에 불을 켠다.

그러자 식당 아줌마는

"아이구, 그래, 니 서방이다. 잘난 니 서방이다."

하고는 어이없어 하며 주방으로 가 버린다. 여자는 눈물까지 글썽거리며

"자기야, 괜찮아, 응?" 하며 등때기를 쓰다듬어 준다.

여자는 사정을 하고 남자는 무표정하게 앉아 그렇게 승강이를 하는 동안 거짓말처럼 비가 그치고 바람도 잦아졌다. 사람들이 웅성거리고 스피커에선 배가 출발한다고 왕왕거렸다. 남자는 일어섰다. 여자가 벌떡 일어서면서 남자를 막았다.

"기어이 가야 돼?" 남자는 말없이 그녀를 밀치고 걸음을 옮기려 했다.

여자는 그때까지 기세로 보아 남자의 멱살이라도 잡을 것 같았는데 의외로 어깨를 돌려 길을 내줬다. 남자가 식당을 나가는 뒷모습을 한참 보더니 그가 문을 열고 나가자 여자는 탁자에 그냥 무너지듯 앉았다. 그리고는 소주병을 들어 꽤 남은 술을 병째로 꿀꺽꿀꺽 다 마시더니 그 자리에 얼굴을 묻는다. 한참을 그러고 있다가 고개를 드는데 그녀의 얼굴에는 굵은 눈물방울이 주르르 흐른다. 그 짧은 순간, 그녀의 얼굴에선 겨울 허수아비같이 곧 바스러질 것 같은 허무가 엿보였다. 그녀는 술병을 들어 술이 없자 술이 취해 발음이 안 되어서 그런지,

기운 없어 그런지 나지막한 소리로 "아줌마, 술 하나 더." 한다. 아줌마가 다가와 맞은편에 앉으면서 "이년아, 정신 차려, 너 이러다 죽는다." 그러자 그녀가 중얼거리듯 말한다. "죽으면 뭐 대순가? 그냥 죽었으면 좋겠다." 하고는 다시 탁자에 얼굴을 묻더니 어깨를 들먹거리며 서럽게, 서럽게 우는 거였다.

나는 식당을 나왔다. 표를 끊고 배를 탔다. 술기운도 있었지만 그 여자가 너무 가여워서 우울했다. 손님들이 다 탔는지 닻이 오르고 뱃고동이 한 번 길게 울었다. 그 때였다. 식당 문이 열리면서 여자가 비칠비칠 위태롭게 부두로 뛰어오는 것이 보였다. 배가 부두에서 떨어져 나가고, 여자는 부두 끝에 섰다.

여자가 외쳤다.

"야! 이 새끼야. 가다가 배가 뒤집혀서 뒤져라."

사람들이 와 웃었다. 그녀는 아랑곳하지 않고 고래고래 소리를 질렀다.

"야! 이 개새끼야. 제발 뒤져라! 매독이라도 걸려 제발 뒤져라." 끝말이 울음 속에 묻혔다. 그리고는 부두에 퍼더앉아 연신 울음 섞인 목소리로 "뒤져라!"라는 소리를 질러댔다.

배는 멀어지고 그녀의 목소리도 잦아들었다.

누군가가 그랬다. "지독하군."

그래 지독한 사랑 같았다. 남자의 입장에서 보면 논다니의 기둥서방 하기에 부끄러울 수도 있었고, 패악을 지르며 강짜를 부리는 여자가 지겨울 수도 있었을 것이다. 그러나 여자는 몸으로는 하염없는 업을 지어도 마음만은 속절없이 그에게 묶어 있었으리라. 비록 술 따르고 몸 파는 거리의 여자지만 남자를 떠나보내기 싫어 절약하고 절약해 적금도 붓고 둘만의 생활을 위해 갖은 정성을 다했으리라. 그게 오히려 그 남자를 부담스럽게 하고 떠나게 했는지도 모른다.

남들이 보면 통속적이고 유치한 사랑 같지만 당사자에게는 목숨 건 사랑이었을 것이다. 그런 삶의 희망마저 떠나버린다면 여자는 정말 싸구려가 되어 밑바닥을 아무렇게나 뒹굴며 자기를 학대하며 살 것이다. 여자는 팔소매로 연신 눈물을 훔치면서 소리를 질러대고 있었다. 이렇게 뜨거운 이별을 본 일이 있었던가. 나는 가슴이 미어지고 있었다.

우리는 악마를 보았다

나는 〈콩쥐 팥쥐〉나 〈장화홍련전〉 같은 이야기가 동화인 줄로만 알았다. 나쁜 짓을 하면 안 된다는 교훈을 주려는 이야기인 줄만 알았다. 그런데 그게 아니었다. 겨우 여덟 살 아이를 늦게 귀가했다는 이유로 계모는 허벅지뼈가 부러지도록 차고, 말을 듣지 않는다는 이유로, 피부에 급탕 물을 수포가 일어날 때까지 뿌렸다고 했다. 그리고 소풍만은 보내달라고 울며 애원하는 그 어린아이를 16개의 갈비뼈가 부러지도록 때려, 부러진 갈비뼈가 폐를 찔렀고 멍자국을 없애기 위해 아이를 뜨거운 욕조에서 밀어 넣어 호흡곤란과 피하출혈로 숨지게 했다고 했다. 네 살 때부터 그렇게 당했다니까 그 아이에게 계모는 공포의 대상이었을 것이다. 그럼에도 불구하고 소풍만은 보내달라고 애원하는 그 아이는 얼마나 소풍이 가고 싶었을까. 아니 얼마나 외로웠기에 그리했을까. 계모에게 얻어맞고 그 아이는 혼자서 방에서 울었을 것이다. 아팠어도 그랬을 것이며 외로웠어도 울었을 것이다. 또 낳아 준 엄마를 부르며 서럽게, 서럽게 이불을 뒤집어쓰고 울었을 것이다. 갈비뼈가 부러진 채로 뜨거운 욕조에 앉아서도 아이는 그랬을 것이다. 깨어나지 말자고, 그래서 더 이상 매 맞지 않고 살 수 있는 나라로 가고 싶다고 기원했을 것이다.

하지만 평소 아이는 명랑했다고 한다. 그런 내색을 전혀 하지 않았다고 한다. 소설 ≪25시≫의 마지막 장면처럼 계모는 아이에게 "웃어라, 웃어라."라고 윽박질렀을 것이다. 여우같이 교활하고 뱀같이 차가운 여자다.

나는 이 기사를 읽는 순간, 후드득 한줄기 빗발이 가슴속으로 쏟아져 들어오는 것 같았다. '어떻게 그럴 수가….' 다음 말이, 말이 되지 않은 채 마음 저 깊은 곳에서 치밀고 올라왔다. 한창 재롱부리며 엄마, 아빠의 사랑을 받으며 구김살 없이 자라야 할 열덟 살의 어린아이가 제발 소풍만은 보내달라며 손바닥을 싹싹 비비며 울고 애원하는 장면이, 그 지독한 아픔을 감추며 웃어야 하는 아이의 슬픈 얼굴이 떠올랐기 때문이다. 아니 나에게도 그런 트라우마(trauma)가 있었기 때문인지도 모른다.

나는 초등학교 때 딱 한 번 소풍을 갔다. 김밥도 귀했던 시절, 그냥 맨밥에 무말랭이 도시락을 싸주는데 부끄럽고 창피해서 안 가겠다고 버텼다. 그런 나를 물끄러미 쳐다보던 어머니는 내 손을 잡고 집 앞 가게에 가서 거의 애원하다시피 통사정해 사이다 한 병을 외상으로 사 주면서 가라고 한 일이 있었다. 나는 그때 어머니의 표정을 잊지 못한다. 연민과 애원을 담은 눈에는 금세 눈물이 떨어질 것 같았다. 내가 만약 싫다고 투정을 부린다면 어머니는 나를 붙잡고 한바탕 통곡이라도 할 것 같았다. 나는 말없이 돌아서 가다 뒤를 돌아보니 어머니는 행주치마를 눈가에 가져가 눈물을 훔치고 있었다. 이렇게 초라하게 소풍가는 나보다 어머니가 더 불쌍해 보였다. 그 뒤로는 나는 소풍이라는 말 자체를 꺼내지 않았다. 중 · 고등 6년 동안 모두 세 번의 수학여행을 갔었는데 나는 한 번도 가질 못했다. 당시엔 수학여행을 못 가면 학교에 나와야 했다. 학교에 나온 학생은 전교에서 나 혼자뿐이었다. 다른 학년 선생님이 자습을 시켜놓고 나가버렸다.

햇볕이 따뜻한 창가에 앉아 졸았다. 그러다 문득 눈을 떴다. 고요했다. 마치 진공관 속에 들어앉은 듯 아무 소리도 들리지 않았다. 그리고 여기가 어딘지, 내가 왜 여기 이렇게 앉아 있는지 분간이 잘 안 되었다. 그러나 곧, 이내 여기가 교실이고 친구들은 모두 수학여행 떠났다는 것을 깨달았다. 아무도 없는 운동장에 하얗게 내리꽂히던 햇살을 한동안 내다보는데 갑자기 눈시울이 뜨거워졌다. 햇살의 눈부심 때문인지 아니면 가슴 밑바닥에 자리 잡은 설움 때문인지 알 수는 없었지만 뜨거운 것이 기어이 목구멍을 치밀며 올라왔다. 아니 그보다 그 정적, 내 곁에 그 누구도 없다는 외로움이 더 나를 슬프게 했으리라. 돈이 없어 못 갔다는 그런 수치가 아니라 혼자만 떨어져야 하는 견딜 수 없는 외로움이 전신을 떨게 했던 것 같았다. 한기 같은 그 외로움을 막아내기 위해 이 악 물고 하늘을 올려다보는데 아! 두 눈에 가득 들어오는 푸른 하늘, 잔인하도록 맑고 푸른 하늘. 나는 끝내 책상 위에 얼굴을 묻고 흐느꼈다. 마음이 추슬러지지가 않았다. 고등학교 때는 등교를 작파하고 시내를 무작정 돌아다녔다.

나는 그런, 또래들과 떨어져야 하는 외로움을 안다. 아니 그런 서러움을 안다. 아이 역시 본능적으로 그런 외로움을 떨쳐버리고 싶었을 것이다. 그렇게 박대를 받으면서도 소풍만은 보내달라고 비는 가냘프고 여린 어린아이를 발로 차고 화상을 입히고 갈비뼈를 부러뜨리고……. 이건 미필적未畢的 고의故意에 의한 살인행위다. 울며 애원하는 그 가냘픈 여자아이의 눈방울만이라도 제대로 한 번 바로 보았더라면, 눈곱만큼의 측은지심만이라도 있었더라면 그런 짓을 차마 할 수는 없었을 것이다. 아이의 아버지 역시 묵시적 살인 방조자다. 조금만 유심히 살폈다면 아이의 처지를 능히 헤아릴 수 있었을 것이다. 무관심도 일종의 죄악이다. 그러함에도 그들 부부는 의도적으로 이를 외면함으로서 한 생명을 죽였다. 우리는 어디 가서 귀를 씻을 정한 물을 찾는단 말인가. 디오게네스(Diogenes)처럼 대낮에 등불을 들고 '참 인간'을 찾아야 할지도 모른다. 그 어떤 명분이든 애정이 없는 모든 행위는 죄악이다. 그 여자가 자기가 낳은 자식이 아니라 해서, 동거는 하지만 자기 핏줄이 아니라고 해서 그리하였다면, 그리하여 증오심만으로 아이를 그렇게 잔인하게 학대했다면 그녀는 악마다.

우리는 악마를 보았다.

법이여! 제발 그 여자를 용서하지 마소서.

선운사 동백꽃

선운사에 갔다. 알맞게 동백꽃이 한창이었다. 우리가 잠을 잔 여관 뜰에도 동백꽃은 있었고, 도솔암 꼭대기 암자에도 바위를 비집고 수줍은 듯 동백이 얼굴을 내밀고 있었다. 선운사 경내에는 동백꽃이 그야말로 지천으로 널려 있었다. 그러나 대웅전 뒤뜰에 핀 동백꽃이 유난히 붉게 보이는 것은 가슴 저린 사랑의 기억 때문이 아닐까. 아니 시詩 때문이리라.

여자에게 버림받고
살얼음 낀 선운사 도랑물을
맨발로 건너며
발이 아리는 시린 물에
이 악물고

그까짓 사랑 때문에
그까짓 여자 때문에
다시는 울지 말자
눈물을 감추다가
동백꽃 붉게 터지는
선운사 뒤안에 가서
엉엉 울었다.

— 김용택의 〈선운사 동백꽃〉 전문

첫사랑이었을 것이다. 그렇게 엉엉 울 수 있는 사랑은 첫사랑이 틀림없을 것이다. 대개의 첫사랑은 이루어지지 않는다. 첫사랑은 사랑이 아니라 사랑에 대한 환상이기 때문이다. 그러나 사람들은 첫사랑의 추억을 평생 안고 산다. 세월의 한 자락으로, 혹은 가슴 아린 상처로 말이다. 여자에게 버림받아 본 사람은 알리라. 얼마나 막막하고 얼마나 서러운지를.

아직도 채 여물지도 않은 소년이 분하고 억울해서 식식거리며 이 악물고 살얼음 낀 도랑을 건너는 눈물이 그렁그렁한 얼굴이 떠오르고, 참다 참다 동백꽃 핀 아무도 없는 뒤뜰에서 서럽게 우는 모습이 손에 잡히듯 선하다. 늘 그랬다. 선운사 올 때마다 그 시詩가 떠오르고 그때마다 가슴이 아려왔다.

그녀는 냉담했다. 한 번만 만나달라고 편지를 하고, 하굣길을 가로막고 통사정을 해도 그녀는 꿈쩍을 안 했다. 그럴수록 내 너를 기어이 내 애인으로 만들어 무릎을 꿇리고 말겠다는 오기가 생겨났다.

당시 그는 건강 때문에, 때로는 가난 때문에 휴학과 복학을 거듭하면서 초등학교 동창이던 그녀보다 2년이나 뒤처져 있었다. 그녀는 그가 공부를 못해서 삼수까지 해가며 학교에 들어간 것으로 오해했고 그 사실을 비웃었다는 이야기가 들렸다. 억울했다. 처음에는 단순히 만나서 해명하고 싶었다. 그러나 그녀는 만나주질 않았다. 그녀가 만나 주었다면 어떻게 되었을지는 몰라도 그녀가 만나주지 않음으로써 그는 최면에 걸리고 말았다. 정말 해명하려고 그러는 건지, 그녀가 좋아서인지 분간이 안 됐고 한창 감수성이 예민하던 시절이라 그는 '베르테르'를 흉내 내면서 스스로를 비극의 연애소설 주인공으로 설정했는지도 모른다. 그 이후 그의 행동은 연애소설의 그것이었다. 그는 그녀를 한 번 만나기 위해 불 밝힌 그녀의 창문 추녀 밑에서 추위에 떨며 지새기를 그 얼마나 했으며, 또 얼마나 많은 연애편지를 쓰며 잠 못 이루는 밤을 보내야 했던가. 흔히 하는 이야기로 플라토닉 러브였고 요즘으로 말하면 스토커였다.

대개의 첫사랑은 이상理想의 여인일 경우가 많다. 훗날 어쩌다 우연히 만나게 되면 실망하는 것도 오랜 세월 동안 품어왔던 청순하고 착한 이미지의 여인은 어디 가고 뚱뚱하게 살이 찐 수다스러운 중년여인의 경우가 대부분이기 때문이다. 피천

득 선생도 그랬다. 만나지 말아야 한다고. 백합처럼 시들어가는 아사코를 만나지 말았어야 한다고 후회했다.

첫사랑은 맺어지지 않는 것이 좋고 그래서 죽을 때까지 아름다운 추억으로 기억될수록 좋으리라. 살다 보면 외로울 때가 얼마나 많겠는가. 비라도 추적추적 내리는 가을날, 혼자 선술집에 앉아 나만의 추억으로 첫사랑을, 혹은 이루어질 수 없었던 사랑을 기억하는 낭만 또한 좋지 않겠는가.

그러나 요즘의 사랑에는 그런 낭만이 없다. 보고 싶어 막무가내로 집 앞에서 기다리고, 한 번만이라도 만나달라고 밤새워 편지를 쓰고, 상사병에 걸려 식음마저 전폐하는, 온몸을 던지는 활화산 같은 사랑은 없다. 사랑한다 어쩐다 하다가도 사소한 일로 틀어지면 그냥 헤어진다. 미련이 없다. 사정하지도 매달리지도 않는다. 어떻게 보면 깨끗하다. 밤을 새우는 고뇌도, 식욕을 전폐하고 자신을 학대해가며 상대의 구원과 동정을 구하는 그런, 낭만적인 행동 따위는 흘러간 유행가다. 간단하게 결혼하고 고뇌 없이 헤어진다. 쿨하다. 시련이 없는 사랑, 그 또한 사랑일 수 있을까.

낭만이 사라진 세태에는 동백꽃도 그냥 사진 찍는 배경에 불과하다. 동백꽃을 보고 어릴 때 첫사랑을 떠올리고 시를 기억하는 시대는 이제 끝났다.

우리는 선운사를 내려왔다. 서정주 선생의 시비詩碑 앞에서 기념사진을 찍고 선생의 생가를 방문하고 점심에 소주 한 잔씩 걸치고 선운사를 떠났다.

선운사에는 동백꽃만 있더라. 목 쉰 육자배기도 없고 가슴 저린 사랑은 오로지 시詩에만 있더라.

누군가 나를 부르고 있다

지독했다. 거의 한 달을 두고 비가 내렸다.

옮겨가기로 한 시골집은 비 때문에 공사가 중단되었고 백내장 수술이 잘못된 건지 눈에는 눈곱이 끼고 눈이 부셔 TV도 제대로 볼 수가 없었다. 모든 사물은 흐릿하게 보였고 마음은 불안했다. 비가 들이쳐 창문도 열 수도 없어 집필실은 곰팡이가 낀 듯 눅눅하고 책 냄새와 섞여 불쾌하게 끈적거렸다. 방안을 수도 없이 서성거리기만 할 뿐 글 한 자 쓰질 못했다. 하루종일 음악만 듣곤 했다.

그런 어느 날 아침 우산을 받쳐 들고 집필실로 가는데 누군가가 나를 부르는 듯했다. 뒤돌아다보았다. 아무것도 없었다. 민방위 훈련, 그날처럼 거리는 죽은 듯 텅 비어 있었다. 빗줄기만 요란했다. 한순간, 그래 그냥 한순간이었다. 빗소리마저 들리지 않으면서 마치 진공의 유리병 속에 갇힌 듯 모든 사물이 정지해 버린 것 같았다. 뭉크의 〈절규〉처럼 누군가가 절박하게 호소를 하고 있는데 그 소리가 들리지 않는 괴기스러운 분위기마저 느껴졌다. 꿈인가? 분명 누군가 나를 부르는 것 같았는데……. 고개를 돌려 주위를 보는데 갑자기 쏴 하고 빗소리가 되살아났다. 다시 길을 가려는데 자꾸만 뒤통수를 당긴다. 누군가? 누가 나를 부르는가. 아니면 내가 무엇을 잃어버렸나? 무엇을 두고 왔나? 왜 이리 뒤가 당기지? 그저 저도 아닌 것 같다. 가만히 서서 고개를 숙이고 귀를 기울인다. 빗소리만 들렸다. 고개를 돌렸다. 그때 비로소 물체 하나가 눈에 들어왔다.

버스 정류장 노천 벤치에 누가 잃어버리고 간 물건인지 모를 물체 하나가 눈에 들어왔다. 나는 뒤돌아가 그 물체 앞에 섰다. 사람인 것 같기도 하고 어떤 물체인 것 같기도 했다. 나는 그 물체를 가만히 건드려보았다. 어! 사람이었다. 내가 건드리자 판초우의 같은 걸 뒤집어쓴 남자는 빼끔히 얼굴을 내밀었다. 빗물에 젖어서인지, 아니면 울고 있는 건지 알 수는 없지만 얼굴은 온통 젖어 있었다. 아니 전신이 다 젖어 있었다. 그리고 그는 덜덜 떨리는 온몸을 이를 악물고 간신히 추스르고 있었다. 서울역에서 노숙자들을 쫓아낸다 하던데 그새 그랬던가?

순간 나는 말을 잊었다. 내가 그랬다. 젊어서 나도 이런 비를 참 많이 맞으며 거리를 헤매고 다녔다. 통금 시간이 지난

거리의 처마 밑에서 거지처럼 웅크리고 앉아 밤을 지새우기도 하고 학교 담장을 뛰어넘고 들어가 교실에서 잠을 청하기도 했다. 고아처럼 떠돌며 가정교사로 겨우 한 고개, 한 고개를 간신히 넘기면서 목숨을 부지해 왔다. 그러하기에 천학을 면치 못했고 그 어려움을 자학으로 달래다 보니 느는 것이 술이었다. 나는 주위 사람들에게 희망을 주지 못했고 나 역시 희망 없는 삶을 살았다.

그가 아마 그랬을 것이다. 이리저리 떠돌다 이제 도시 어디에도 의지할 곳이 없자 풍문으로 먼 친척이 살고 있다는 소문을 듣고 이 동네까지 찾아왔으리라. 차마 부끄러워 초인종을 누르지 못하고 그냥 뒤돌아나왔을 경우도 있고, 문전박대당했을 수도 있으리라. 이 장대같이 쏟아지는 비를 무슨 업보처럼 맞으며 이대로 죽어야 하는가. 아니면 이 굴욕스러운 삶을 또 다시 이어가야 할 것인가를 고민하고 있었을 것이다. 나는 눈시울이 붉어졌다. 그러나 나는 섣불리 그에게 손을 내밀지 못했다. 그의 눈이 모든 걸 거부하는 것처럼 느껴졌다. 말 한마디라도 던졌다가는 그는 활화산처럼 폭발할 것만 같았기 때문이었다.

나도 버스 정류장에서 버스를 기다리는 척하면서 그를 지켜봤다. 내리는 비를 처량하게 바라다보던 그는 한 30분쯤을 지체하더니 일어나 시내 쪽으로 느릿느릿 걸어갔다. 뒷모습이 처절했다. 한 노숙인의 시詩*처럼 빨랫줄 서너 발이면 청계산 소나무에 비참한 그의 생을 마감할 수 있을 텐데……. 그는 아직도 그를 기다리는 지어미와 아이들을 생각하는 걸까? 빗물이 자꾸 얼굴을 때려 나의 눈물을 가렸다. 이 비가 그치면 잠시 폭염이 오고 무덥던 여름도 한마당의 꿈처럼 가고 그렇게 가을이 올 것이다. 머리털이 부스러지듯 잎들이 지고 가을걷이가 끝난 허무한 벌판에 무서리가 내릴 것이며 철새들은 또 다른 세계를 찾아 북녘으로 날아갈 것이다.

우리들 삶의 마지막 순간에 무엇이 기억될 것인가? 내 삶의 흔적으로는 무엇이 남을까? 드라마? 내가 연출했던 작품들이 벌써 잊히고 있다. 살갗이 타들어 가는 혹서 속에서 어렵게 얻은 한 장면, 눈보라 속에서 위험을 무릅쓰고 찍은 한 편의 드라마들, 쓸 만한 한 장면을 얻기 위해 새운 수많은 밤들을 생각해 본다.

문학? 아닐 것만 같다. 하루에도 수백 권의 책이 출판되고 수백 명의 시인, 묵객들이 탄생하는 요즘, 누가 있어 나를 기억해 줄 것인가. 몇 권의 책을 냈다고는 하지만 그저 많은 사람들 중의 하나일 것이다. 진정 내 심장을 관통하는 한 발의 화살이었던 문학은 내가 피 흘린 만큼 내 삶의 흔적으로 존재할 수 있을까? 궁거窮居한 벽학僻學의 파적跛寂거리에 지나지 않으리라.

지난 봄날 허무처럼, 눈물처럼 흩날렸던 꽃의 낙화, 미친 듯이 끝도 모르고 쏟아져 내리는 이 여름날의 소나기, 퇴직한 그해 가을에 찾아 본 어느 산사의 저녁 이내, 스멀스멀 피어오르는 우울한 안개, 적막한 산속에서 눈의 무게를 이기지 못하고 부러지는 소나무 가지, 그 소리에 놀라 비상하는 산새 한 마리. 한없이 깊어지는 산, 산들, 적요寂寥, 그리고 고독孤獨…….

삶의 마지막 순간에는 이런 아름다운 것들만이 기억되는 것이 아닐까? 노숙자로 추정되는 그 역시, 얼굴을 가리고 아려오는 가슴을 안고 무료 급식소 앞에서 목이 메이는 아픔으로 한 끼를 때우는 치욕 따위는 잃어버리고 아내를 사랑하고 아이들의 장래를 걱정하며 행복하게 살던 아름다운 한때만을 기억하며 사라지리라.

비가 그쳤다. 무지개가 떴다. 오토바이가 요란한 소리를 내며 내닫고 멀리 북악이 한눈에 들어온다. 사람들은 저마다 뭐라고 떠들어 댔다. 세상은 한순간에 깨어나는데 삶에 지친 그 노숙자는 어디에서 무엇을 할까? 점심 겸 반주로 마신 술이 또 세상을 흐릿하게 한다. 새삼 삶의 무게가 어깨를 누른다.

* 집시의 기도

장금(노숙인)

…………전략…………

깡소주를 벗삼아 물 마시듯 벌컥대고

수치심 잃은 육신을

아무데나 눕힌다.
빨랫줄 서너 발 철물점에 사서
청계산 소나무에 걸고
비겁의 생을 마감하자니
눈물로 찍어내는 지어미와
두 아이가 "안 돼, 안 돼" 한다.
…………후략…………

그는 노숙자 숙소 벽에 이 시를 써 놓고 2009년에 숨졌다. 무연고 시신으로 화장되었다.

2부

그리움은 한恨이 되고 노래가 되고
어디 그것뿐이겠는가?
나는 가짜다
어린이집 가는 길
늦바람
과객론過客論
차통의 전성시대
PD되기
한낮의 우울

그리움은 한恨이 되고 노래가 되고……

운주사 와불臥佛의 팔을 베고 누워 하늘을 보며 '엄마'를 부른 시인이 있다. 그는 말을 배우기도 전에 엄마가 돌아가셨다. 그래서 한 번도 엄마라는 말을 불러본 적이 없었다. 아마 그는 나직이 그리고 천천히 불렀을 것이다. 그리고 엎드려 흐느꼈을 것이다. 어떻게 생겼는지도 모를 엄마가 얼마나 보고 싶었겠으며, 얼마나 '엄마'라고 불러보고 싶었을까. 엄마의 팔베개가 얼마나 그리웠으면 부처님의 팔을 베었을까. 그는 아마 한나절은 족이 그렇게 엎드려 있었을 것이다. 목이 멘다.

김종삼 시인의 시를 읽으면서도 나는 거지만도 못한 놈이라고 자조를 한다.

조선총독부가 있을 때

청계천변 십 전 균일상均一床 밥집 문턱에
거지소녀가 거지장님 어버이를
이끌고 와 서있었다
주인영감이 소리를 질렀으나
태연하였다

어린 소녀는 어버이 생일이라고
십 전짜리 두 개를 보였다.

— 시, 〈장편掌篇 2〉 전문

비루한 삶 속에 감추어진 순수한 영혼이 애처롭도록 아름답다.

어느 날 노래하는 스님 한 분이 TV에 나왔다. 아버지가 죽고 가세가 기울자 스님은 여덟 살의 어리디어린 나이로 외할머니 손에 이끌려 절에 들어왔다고 했다. 그때 엄마는 3일에 한 번은 꼭 찾아올 거라고 약속을 했다. 그는 23세가 될 때까지 엄마를 기다렸다. 날이면 날마다 산문山門에 기대어 산사山寺로 이어지는 산길을 하염없이 지켜보며 엄마를 기다렸다. 어두워져 승방에 돌아와서는 큰스님에게 꾸중 들을까봐 벽장 문을 열고 개어있는 이불더미에 머리를 파묻고 혼자 울었다고 했다. 산에는 어둠이 빨리 온다. 창문에 부서지는 달빛과 그 달빛을 흔들고 지나가는 바람소리에 누가 부르는가 싶어 문을 열면 아무도 없다. 절 마당에 뽀얗게 부서지는 달빛에 더욱 서러움이 복받쳐 도반들이 들을까봐 입을 틀어막고 소리 죽여 울었다고 했다. 생각해 보라. 날은 어둑어둑 어두워지는데 한 어린 소년이 눈물이 그렁그렁한 얼굴로 뒤돌아보며, 뒤돌아보며 가는 애처로운 모습을……. 입을 연신 삐쭉삐쭉거리며 흐르는 눈물을 소매로 훔치며 참다 참다 못해, 종내는 이불더미에 얼굴을 디밀고 '엄마'를 부르며 엉엉 통곡하는 그 가련한 모습을……. 스님의 노래에는 한恨이 묻어 있었다. "엄마 따라 나도 갈래, 나도 갈래……. 아! 우리 엄마 보고 싶어!" 눈을 지그시 감고 부르는 스님의 〈엄마〉라는 노래는 너무 애절해 방청객은 물론 MC까지 눈물을 훔쳤다. 스님은 그 후 엄마를 만났는지는 말하지 않았다. 그러나 그의 눈에 가득한 그리움으로 미루어 볼 때 그 이후 한 번도 엄마를 만나지 못한 것 같았다.

내게도 엄마가 있었고 또 살 만큼 살다가 돌아가셨지만 나이가 들면 들수록 '엄마'라는 말에는 눈물이 앞선다. 나는 어머니 살아계실 때 애살스럽게 그리고 다정하게 대하질 못했다. 나는 불우한 성장기를 보냈다. 그것은 어쩔 수 없는 현대사의 한 격랑이었겠지만 나는 나 같은 처지의 사람들 모두가 그러하지 않았기에 부모형제를 많이 원망했다. 오히려 불퉁스럽게 대한 경우가 더 많았다. 어머니는 고생고생하면서 자식들을 키웠지만 호강 한번 못하고 세상을 떴다.

생전에 어머니는 칼국수를 좋아하셨다. 넉넉하지 못했던 시절, 나와 누나는 가끔 어머니를 명동에 있는 칼국수 집에 모시고 가 식사를 대접하곤 했다. 음식 자체를 좋아하기도 했겠지만 자식들과 함께 외출하는 기쁨이 더 컸을 거라고 짐작이 된다. 한복을 곱게 차려입고 그렇게 좋아하실 수가 없었다. 차멀미가 심해 버스를 오래 타면 구토를 하는데도 멀미약까지 챙겨 먹고는 기뻐 어쩔 줄 몰라 했다. 그런 외출마저도 자주 하질 못했다. 내 기억으로는 일 년에 한두 번 정도가 고작이었던 것 같다. 부끄럽기도 하고 연민에 가슴이 미어진다.

엄마는 그리움 그 자체다. 아버지가 없으면 한이 사무치지는 않는다. 오히려 그래서 고생하는 엄마에게 그 한이 옮겨간다. 그러나 엄마 없이는 켜켜이 한이 쌓인다. 두고두고 쌓인다. 그래서 엄마는 우리 인생의 기둥이다.

가끔 가다 어머니가 꿈에 나타난다. 무슨 계시를 주는 것도 아니고 그냥 평소에 살아 계실 때처럼 물끄러미 쳐다보기만 할 때가 많다. 꿈이 깨면 가슴이 아프다. 무엇이 불편한가? 한밤중에 그러고 나면 그 이후 잠을 이루지 못한다.

내가 아무리 후회를 한들 이미 돌아가신 어머니가 다시 내게로 오지는 않겠지만 망칠望七의 나이인 지금에서야 생전에 잘해 드리지 못한 걸 후회한다. 나는 신경숙의 ≪엄마를 부탁해≫를 읽으면서 몇 번을 울었는지 모른다. 나이가 들수록 '엄마'라는 말에 마음이 마른 가랑잎같이 버석거린다. 나도 어머니 곁에 갈 나이가 되어서인가.

"어머니, 저승에서는 잘할게요."

어디 그것뿐이겠는가?

"울음 우는 아이는 우리를 슬프게 한다."

안톤 슈낙(Anton Schinack)의 ≪우리를 슬프게 하는 것들≫의 첫 문장이다. 나는 학창 시절에 이 글을 무척 좋아했다. 아니 나뿐만 아니고 그 시절 모든 젊은이들이 다 좋아했던 글 중의 하나다. 그런데 나는 왜 울음 우는 아이가 우리를 슬프게 하는지, 그 많은 슬픔 중에서도 유독 아이의 울음이 문장의 첫머리에 올라올 만큼 슬픈 것인가에 대해 동의하질 않았다.

그러나 많은 세월이 지난 지금 나는 비로소 그 말을 이해하게 되었다. 늙어서 눈물이 많아져서인지 혹은 마음이 약해져서인지는 알 수 없지만 우는 아이를 보고 있노라면 저절로 눈물이 난다. 맑고 투명한 아이의 두 눈에 수정 같은 눈물이 뚝뚝 떨어질 때면 "저건 진짜 슬픔이다. 저 슬픔에는 가식이 없다.

저거야말로 지극한 순수다."라는 생각이 든다.

나는 일생을 드라마 연출로 보냈다. 한 편의 드라마에는 반드시라고 할 만큼 심금을 울리는 대목이 있기 마련이다. 그러나 나는 비교적 냉정하게 처리하려 했다. 그런데 나이가 들수록 그런 부분에 악센트를 주는 경향이 나타났다. 콘티(연출 대본)를 짜면서도 나는 울면서 작업을 하는 경우가 더러 있었는데 이 경우 드라마는 대개 성공한다. 다만 천박하면 품격이 떨어지므로 속울음을 짚어내고 격조 있는 슬픔을 만들어 내려고 노력했다.

그런데 이제는 조금만 슬픈 프로만 봐도 눈물이 나온다. 우리 시대를 어렵게 살아가는 사람들의 삶을 다룬 〈동행同行〉이라는 다큐멘터리 프로가 있다. 아내가 가출을 하고 세 아이를 혼자서 키우며 어렵게 살아가는 한 남자의 이야기를 다룬 적이 있었다. 남자는 일용 노동자로 하루하루를 어렵게 벌어먹고 산다. 어느 날 지방으로 일거리를 찾아 나서면서 아이들을 보육원에 맡겨야만 했다. 네 살배기 막내가 그 말을 듣는 순간 두 눈에 수정 같은 눈물을 뚝뚝 흘리면서 무릎을 꿇고 아빠에게 손을 싹싹 비비며 애원을 했다.

"아빠, 잘못했어요! 다시는 안 그럴게요. 이제부터 아빠 말 잘 들을게요. 정말 말 잘 들을게요. 네?"

그런 아이들을 물끄러미 지켜보던 아빠는 와락 세 자매를 끌어안았다. 통곡이었다. 몸 깊은 곳에서 터져 나온 듯, 짐승

같은 울음을 뱉어냈다. 한 덩어리가 되어 울었다. 앞 울음이 뒤 울음을 끌어냈다. 자기 설움이었으리라. 한참을 그렇게 울던 아이들 중 첫째가 먼저 울음을 그치고 그랬다.

"아빠, ……울, 울지 마. ……우, 우리가 잘못했어. 응, 아빠 울지 마. 내 동생들 잘 돌보고 아빠 기다릴게. 응."

그런 첫째를 물끄러미 지켜보던 아빠는 다시 벽에 머리를 박고 숨을 죽이고 흑흑거리며 깊이 울었다. 아이들도 그런 아빠의 등 뒤에 매달려 하염없이 또 울었다. 나는 아빠의 눈물보다 아이들의 눈물이 더 서러워 보였다.

아! 그렇구나. 울음 우는 아이는 우리를 슬프게 하는구나. 처지를 생각하고 형편을 헤아려 울어지는 울음이 아니라 가슴 저 깊은 곳에 자리한 근원적인 서러움이 복받쳐 올라오는 본질적인 울음이구나. 왜 울음 우는 아이가 슬픈지를 알았다. 생의 깊이를 실감했다. 한참을 그러던 아빠는 간신히 울음을 추스르고 우는 아이들의 눈물을 하나하나 닦아주면서 그랬다.

"너희들이 잘못한 건 없다. 아빠가 잘못해서, 잘못해서 그렇다. ……불, 불쌍한 것들."

그러고는 다시 아이들을 끌어안고 천장을 올려다보며 눈물만 흘렸다.

나는 그 프로를 보면서 하염없이 낙루했다.

아빠와 떨어지지 않으려고 무엇을 잘못했는지도 모르면서도 무조건 울면서 잘못했다고 비는 그 아이들의 눈물은 순수 그 자체다. 결국 아빠와 떨어지기 싫어 발버둥치는 아이들을 보육원에 맡겨두고 남자는 떠났다.

늙으면서 눈물이 많아졌다. 아들 부부는 맞벌이다. 아침에 일어나 아빠, 엄마가 없으면 손녀는 아빠, 엄마를 찾으며 운다. 그야말로 수정 같은 눈물을 뚝뚝 흘리며 서럽게, 서럽게 운다.

"아빠, 엄마 보고 싶어!" 하면서.

너무 안쓰러워 아이를 꼭 끌어안는다. 작은 한 마리의 새 같은 가냘픈 박동을 느끼면서 내 눈에도 눈물이 맺힌다.

그러나 다른 견해도 있다. 의학적으로 남자는 늙어가면서 여성호르몬이 많아지면서 눈물이 많아지고 나약해지고 반대로 여자는 남성호르몬이 많아지면서 대담해지고 남성화된다고 한다.

생의 깊이를 좀 더 안 건지, 아니면 생리학적으로 그럴 수밖에 없는 건지 나로서는 알 수 없는 일이지만, 아이의 눈물을 보면 견딜 수가 없다. 그래서 나는 손녀의 요구를 다 들어준다. 과자를 사달라면 사주고 아이스크림을 사 달라면 사준다. 버릇이 나빠진다고 아들은 나무라지만 나는 막무가내다. 할아버지가 되어가고 있다.

어디 그것뿐이겠는가? 세월이 머리에 허옇게 내려앉은 아내가 입을 조금 벌리고 코를 골며 자는 모습도 눈물겹다. 사랑이 미치지 못하는 연민이 아려온다. 마음이 종잇장처럼 엷어진다.

이래저래 늙어가면서 눈물도 많아지고 연민도 많아진다.

나는 가짜다

나는 젊었을 때 제법 많은 레코드를 갖고 있었는데 거의가 복사판이었다. 진품은 허리 베라폰테(Herry Belafonte)의 〈카네기홀 공연실황〉 음반과 빌헤름 박하우스(Wilhelm Backhaus)의 〈베토벤 피아노 협주곡 5번〉 등 몇 곡에 지나지 않았다. 그러면서 나는 '너희들이 음악을 아느냐.'면서 약간 빼기고 다니며 이런저런 자리에 음악 이야기가 나오면 꽤 알은척을 했다. 오디오도 비싼 돈을 주고 구입할 형편이 못 돼 방송국 엔지니어에게 부탁해 세운상가에서 부품을 구입해 조립해 들었다. 테니스가 유행하던 시절, 나는 라켓부터 샀다. 그리고 서예를 배우기도 전에 벼루부터 장만했다.

이런 나의 천성을 두고 아내는 폼부터 잡는다고 흉을 봤다. 그러데 나는 1970년대 중반부터 매달 10만 원 정도의 책을 샀다. 지금은 별 돈 아닐지 모르지만 당시에도 결코 적은 돈은 아니었다. 그로 인해 아내와 많이 다투기도 했다. 문학잡지 2권 정도는 정기 구독을 했고 지금도 보관하고 있는 ≪세계사상대전집≫ 50권짜리도 월부로 샀다. 당시 빠듯한 살림에 무리가 가는 건 사실이었지만 아내는 읽지도 않는 책을 산다며, 선비도 아니면서 선비인 척하고, 학자도 아니면서 학자인 척하는 못 말리는 '폼생폼사'라고 비난했고, 이사할 때마다 책 좀 버리자고, 읽지도 않는 책들을 왜 끌고 다녀야 하느냐며 지청구를 주었다. 사이비似而非라는 이야기이고 가짜라는 말이다. 나는 '진짜 같은 가짜'도 있고 '가짜 같은 진짜'도 있는 거라며 책은 당장 읽으려고 사는 게 아니고 언젠가는 쓸데가 있는 거라며 나는 기어이 끌고 다녔다. 그런데 느지막하게 그런 책들을 바탕으로 이런 저런 책도 내고 대학 강의도 나가고 하니까 요즘은 별 말이 없다. 내가 시골로 내려가겠다고 했을 때도 아내는 "허름한 잡문이나 쓰는 주제에 마치 대단한 작가인 양 폼 잡으며 하얀 모시적삼 입고 부채 들고 헛기침하며 거드름 피우려고 가려는 거지? 안 봐도 비디오야!" 하며 몹시 못마땅한 듯 비아냥거렸고 "노벨문학상만 못 받아봐라. 머리를 다 뜯어 버릴 거야(필자는 대머리다)." 하며 으르르딱딱거렸다.

확실히 나는 폼 잡는 버릇이 있는 모양이다. 시골로 이사와서는 내가 간직하고 있었던 평소 좋아하는 그림 몇 점을 표구해 걸어 놓았다. 진품이 몇 점 있긴 하지만 대개가 영인본이다. 오원吾園 장승업의 〈호취도豪鷲圖〉, 석파石破 대원군의 〈묵난墨蘭〉, 추사가 "압수 이동以東에 이런 그림은 절무絕無"하다고 칭찬한 소치小痴 허유의 그림 등이다. 나는 그들 그림을 볼 때마다 무릎을 친다. 오원의 〈호취도〉에서는 그의 불우한 환경에서도 결코 주눅 들지 않는 호방한 기개를, 양광佯狂의 파격破格에도 석파의 난은 오히려 고아高雅하다. 중국 작가 자유푸(賈又福)의 그림 〈무제無題〉에서는 우리네 인생을 본다. 깊은 산중, 해는 산중턱에 걸렸는데 한 남자가 무거운 짐을 지고 산을 내려온다. 명암을 극명하게 대비시켜 화면 전체를 차지한 검은 산과 그 하단에 무거운 짐을 진 한 남자를 배치한 이 기이한 구도는 가슴을 서늘하게 한다. 비는 오는데 아무도 찾아오는 이 없이 적막할 때나, 바람 불어 그리운 이가 못 견디게 보고 싶을 때 나는 그 그림 앞에 서서 한참을 쳐다본다. 그렇구나. '우리네 삶이란 결국 해 질 녘에 감당할 수 없는 무거운 짐을 지고 산을 내려오는 거구나. 나 혼자만 그런 것이 아니구나.' 하면서 위안을 받는다. 오원의 그림에서도 나의 불우한 젊은 시절과 비교하면서 그의 호방함을 배우고, 석파의 난에서는 절망 속에서도 지혜롭게 품격을 유지한 그의 인내를 배운다.

나는 그림을 그림 그 자체로 본다. 그것이 '진품이냐, 아니냐.'로 판단하지 않는다. 복사판으로 음악을 들었다 해서 그 음악이 폄하되거나 손상되지 않듯이 그림 역시 그 안에 담겨진 뜻이 격조가 있으면 그만이지, 그것이 영인본이라 해서 그런 뜻이 왜곡되지는 않는다는 말이다. 그래서 나는 이른바 세인들의 입에 오르내리는 그림이나 수십억을 호가하는 그림에 대해서 그다지 동의하지 않는 편이다. 로이 리히텐슈타인(Roy Lichtenstein)의 〈행복한 눈물(Happy tears)〉이라는 그림이 세간의 화제가 된 일이 있다. 재벌가의 부인들이 운영하는 이름 있는 화랑에서 그런 유의 그림들을 탈세나 치부의 목적으로 사 두었다고 해서 구설수에 올랐고 수십억을 호가하는 그림 값에 모두들 말을 잃었다. 그런 그림들이 값이 나갈지는 모르지만 나의 무식한 감상법으로 보면 그 가치에 회의한다. 그러나 나는 피카소나 뭉크, 그리고 고흐의 몇몇 그림에서는 다른 서양화와는 다른 무언가 가슴을 치는 메타포가 있다고 느낀다. 그림이라고 해서 반드시 아름답다거나 뜻이 그럴듯해야 한다는 것은 아니다. 피카소의 그림을 본 한 관객이 그에게 물었다. "도대체 무슨 뜻인지, 뭐가 아름다운 건지 모르겠습니다." 그가 대답했다. "새 울음소리는 아름답습니까." "그렇죠." "거기에 무슨 뜻이 있는가요?" "글쎄요." "새소리가 아무 의미 없이 아름답듯이 그림도 그렇게 보면 됩니다." 해석하지 말고 느끼는 대로 보라는 것이다. 의미는 그림에 있는 것이 아니고 감상자의 가슴에 존재한다는 말이다.

나의 시골집을 방문한 한 지인이 오원의 그림을 보고 물었다.

"이거 진짜가?"

"진짜면 수십억은 될걸. 영인본이다."

그는 실망스러운 표정으로 "가짜구나." 하고 낮게 중얼거렸다.

나는 그에게 그랬다.

"손가락을 보지 말고 달을 봐라."

그는 아무 대꾸도 안 했다. 그러나 그의 태도로 보아 가짜 그림을 걸어놓은 나를 '가짜'로 보는 듯했다.

나는 속으로 되뇌었다.

"그래, 나는 폼만 잡는 '가짜'다. 나를 '가짜'라고 비웃는 그대는 '진짜'인가? 갈대 구멍으로 하늘을 봐라. 하늘이 갈대 구멍만 하게 보인다."

어린이집 가는 길

손녀의 어린이집 가는 길은 요란하다. 아파트를 나서면 먼저 경비 아저씨를 보고 "안녕하세요?" 하고 높은 소프라노로 깍듯이 인사를 한다. 아저씨가 "윤진이구나. 아이고, 착해라." 하며 뛰어나오면 멀거니 보고 있다가 갑자기 "나 잡아 봐라." 하고는 나를 중심으로 뱅글뱅글 돈다. 경비 아저씨가 다소 과장된 몸짓으로 쫓아가면 깔깔거리며 서너 바퀴를 돈다. 아저씨가 손녀를 안고 하늘로 한 번 들어올렸다 내려놓아야 비로소 빠이빠이를 하고 걸음을 옮긴다.

할아버지, 할머니 손을 양손으로 잡고 하나, 둘, 셋 하면서 공중으로 올라갔다가 내려오기를 서너 번하고 그도 싫증이 날 때쯤이면 갑자기 걸음을 멈추고 팔을 벌리며 빙글빙글 돈다. 그리고는 "할아버지, 할머니도 따라해." 하면서 몇 바퀴 돌다가

"즐겁게 춤을 추다가 그대로 멈춰라." 하며 소리친다. 그 소리와 동시에 나와 아내는 우스꽝스러운 몸짓으로 스톱을 해야 한다. 그런 몸짓으로 스톱하지 않으면 "땡!" 하면서 두 손을 들어 가위표를 한다. 그러면 다시 해야 한다. 자기가 보기에도 우스워야 만족을 한다. 이런 장난을 몇 번 한다. 길 가던 사람들도 박장대소한다. 조그만 어린아이의 명에 따라 우스꽝스러운 몸짓으로 스톱모션으로 서 있는 늙은이들을 보고 길 가던 사람들 모두가 쳐다보며 손뼉까지 치면서 재미있어 한다. 제가 보기에도 만족하다 싶으면 "딩동땡!" 하면서 합격 신호를 보내고 가던 길을 간다. 그렇게 몇 자국을 걷다가 갑자기 "앉아!" 하며 달리기 준비 자세를 취한다. 할아버지, 할머니도 나란히 자세를 취하면 "출발!" 하면서 잽싸게 뛰어나간다. 마치 바람개비처럼 가볍게 팔랑이며 뛰어간다. 네 살짜리답지 않게 잽싸게 뛴다. 넘어질까 조마조마하다. 먼저 가면 안 된다. "아이고, 윤진이가 일등이네. 할아버지가 못 따라가겠네." 하면서 뒤에서 힘든 척하면 뒤돌아보면서 "할아버지 힘들어?" 하고 묻는다. "아이고, 힘들어. 할아버지는 윤진이를 못 따라갔겠네." 하면 "기다려 줄게." 하면서 서서 기다린다.

그러다 햇빛이 쨍하게 비치는 거리로 나오면 그림자놀이를 한다. 저보다 그림자가 크면 안 된다. 몇 발자국 뒤떨어져 "윤진이가 제일 크네." 하면 뒤돌아보며 싱긋이 웃는다. 어린이집 입구 가까이 가면 이번에는 온갖 간판이란 간판은 다 읽는다.

할아버지, 할머니가 감탄하는 것을 즐긴다.

"우리 윤진이, 최고!" 하면 "뭐, 그 정도는 기본이지!" 하며 으스댄다. 어린이답지 않은 말투에 우리는 다시 박장대소한다.

아침 햇살이 잘게 부서져 내리고 나뭇잎들은 바람에 뒤집히면서 하얀 잎들이 보석처럼 반짝인다. 해님도 빙그레 웃는 것 같은 유쾌한 아침이다.

어린이집 앞에 와서도 벨을 누르고는 문 뒤에 숨는다. 선생님이 나와서 "누군가? 누가 왔나?" 하고 두리번거리면 "깍꿍!" 하면서 폴짝 뛰어 쏙 얼굴을 내민다. 그러면 선생님이 과장되게 "윤진이구나. 윤진이가 왔구나." 하며 어린이집 안으로 안아들인다. 그러면 할아버지 할머니에게 빠이빠이하면서

"이따 올 때도 할아버지, 할머니 같이 와!" 하고 들어간다.

집으로 돌아오는 길도 평탄치가 않다. 반드시 돈 몇 푼은 가져가야 한다. 오는 길에 마트가 있다. 그 앞을 그냥 지나치는 법이 없다. 마트 앞에 오면 딱 서서 할아버지를 쳐다본다. 내가 시침을 뗀다.

"왜 그래?"

"할아버지, 우리 마트 한번 들어가 볼까?" 그렇게 은근할 수가 없다.

"왜? 뭐하려고?"

그 말에는 대답도 안하고 씩 웃으면서 당당하게 앞장서 마

트로 들어간다. 들어가면 우선 그런다.

"아이고, 시원해." 그러고는 매장 안을 냅다 뛴다. 과자류를 파는 매대 앞에 딱 서서 할아버지를 기다린다. 내가 숨어 있으면 한참을 기다리다가 할아버지를 찾아 나선다. 이러저리 몇 번을 찾아보다 카운터에 간다. 그리고는

"우리 할아버지 못 봤어요." 하고 종업원에게 물어본다. 그러면 종업원도 시치미를 딱 떼면서

"몰라. 할아버지 여기 안 왔는데." 그러면 단번에 울상이 되어 두리번거린다. 그 순간에 내가 얼굴을 내밀면 번개처럼 달려와 내 손을 잡고 과자 매대 앞으로 가, 나를 쳐다본다.

"왜?"

"할아버지! 이거 맛있겠다." 하며 또 나를 쳐다본다. 그 모양이 너무 우스워 웃음을 터뜨리고 만다. 그러면 손녀는 스스럼없이 과자를 꺼내 들고는 계산대로 간다. 그러고는 종업원에게 과자를 내밀고는 또 나를 쳐다본다.

"할아버지, 돈 없는데?" 그러면 내 뒤를 돌아 뒤 포켓을 가르치며

"여기 있잖아." 한다. 종업원도 웃고 나도 웃고 만다.

당당하게 과자를 손에 쥐고 돌아오면 우선 소파에 앉아서 과자를 먹으면서 TV만화를 한동안 감상한다. 그 시간이 그래도 가장 한가한 시간이다. 그러다 싫증이 나면 또 할아버지, 할머니를 상대로 노래자랑을 한다. 어린이집에서 선생님이 하

던 그대로 한다. 먼저 앞으로 나가 탬버린을 찰랑찰랑 치면서

"할아버지! 나오세요." 한다. 내가 나가면 탬버린을 급하게 흔들면서

"와! 박수!" 한다. 나도, 아내도 박수를 친다.

"노래하세요."

"무슨 노래요?" 그러면 잠시 생각하다가

"꼬부랑 할머니." 한다.

나는 허리를 굽히며 뱅글뱅글 돌면서 "꼬부랑 할머니가 꼬부랑 고갯길을." 하면서 노래를 한다. 그러면 저도 우스운지 깔깔거리며 웃는다. 그리고는

"딩동땡! 박수. 이번에는 할머니 나오세요." 할머니도 안 나갈 수가 없다.

"무슨 노래 불러요." 한다. 조금 생각하다가

"따따따." 한다. 그러면 할머니도 주먹을 입에서 붙였다 떼었다 하면서

"따따따, 따따따 주먹손으로, 따따따, 따따따 나팔 붑니다." 하면서 응접실을 한 바퀴 돈다. 이런 식으로 한바탕 놀고 나면 이번에는 술래잡기를 한다.

저녁시간을 그렇게 보내고 아빠, 엄마가 직장에서 돌아오면 저녁을 먹고 동화책을 읽으면서 잠이 든다. 길고 긴 하루가 끝나는 시간이다. 다행인 것은 잠투정이 전혀 없이 아침 8시경까지 내리 잔다는 것이다.

힘겨운 하루였지만 그놈만 생각하면 입가에 웃음이 절로 펴진다.

그놈 덕에 우리는 행복하다.

늦바람

나는 늦게 바람이 났다. 그녀를 하루만 안 봐도 안달이 난다. 내가 퇴근해 들어가면 그녀는 '카악' 하고 소리를 지르고 나에게 쏜살같이 달려와 덥석 안긴다. 번쩍 들어올리면서 나도 '카악' 하고 마주 소리를 지른다. 그러면 그녀는 좋아서 손을 마구 흔들며 펄쩍펄쩍 뛴다. 저절로 함박웃음이 터지면서 그녀를 안고 응접실을 한 바퀴 돈다. 그녀는 엉덩이를 요란하게 흔들며 숨이 넘어가듯 깔깔거린다. 그렇게 신바람을 내며 한 바퀴를 돌고 거울 앞에 서면 그녀는 눈웃음을 치면서 입을 까짓것 벌리고 헤벌쭉하게 웃는다. 그렇게 천사가 나에게 왔다.

나는 퇴직하고 한동안 우울증에 빠졌다. 며칠 동안 전화 한 통 오지 않는 일이 비일비재했고 마누라와 종일 있어도 말 한마디 나누지 않는 날도 점점 늘어났다. 저녁에 그저 생각 없이 텔레비전 앞에서 졸거나 일찍 잠자리에 들었다가 오밤중에 깨어 우두커니 응접실에 나와 앉아 지나온 삶을 반추하면서 허망하다고 느끼기까지 했다. 그렇게 밤을 새우는 일도 잦아졌다. 그러다 손녀가 태어나면서부터는 집안에 활기가 돌았다. 한동안 소 닭 보듯 하던 우리 부부도 손녀를 사이에 두고 이런저런 이야기가 오갔고 아이의 재롱에 함께 웃는 일이 많아졌다. 나의 우울증도 점점 사라졌다. 집필실에 있다가도 아이가 보고 싶어 전화를 걸어 잘 노는지 어떤지를 확인하곤 한다. 휴대폰 동영상에 담아두었다가 심심하면 꺼내 보면서 혼자 낄낄거린다. 누가 보면 미친놈이라고 할 정도로 낄낄거린다.

요즘 나는 길을 가다가도 사람들이 모여 웅성거리면 기어이 그것이 무엇인가를 확인한다. 대개의 경우 아이들 장난감을 팔기 때문이다. 한 번은 배터리로 움직이는 장난감 자전거를 사다 주었는데 안장에 앉은 인형소녀가 너무 커서 그런지 혹은 그 장난감이 너무 요란한 소리를 내어서인지 알 수 없지만 그만 울음을 터뜨리고 말았다. 그 후 손녀는 자전거 근처에도 안 간다. 아이가 가서는 안 되는 장소에 그 자전거 인형을 놓아두면 근처 가서도 한참을 노려보다 슬그머니 돌아나온다. 이게 또 얼마나 귀여운지 모두들 한바탕 웃는다.

한번은 일주일간 제 외가에 갔다 온 일이 있다. 일주일을 안 봤는데 그새 얼굴을 잃어 버렸는지 현관에 들어서는 손녀를 반갑게 내가 안아 올리자 아주 낯선 얼굴을 하고는 수초간 쳐다보다 인중을 아래로 끌어당겨 입을 삐쭉삐쭉거리고 코를 벌렁벌렁거리더니 눈물까지 글썽거리며 울 채비를 하는 것이다. 그 모습이 너무 귀여워 볼에다가 입을 맞추었더니 앙 하고 울음을 터트리면서 내 품에서 벗어나려고 몸부림을 치는 것이었다. 그러나 하룻밤만 같이 자고 나면 헤벌쭉하게 웃는다. 모두들 침대생활을 하기에 손녀와 나는 바닥에 요를 깔고 함께 잔다. 새벽에 일어나 울기도 하지만 대체로 일어나서는 웃기부터 한다. 눈 비비고 일어나 앉으면서 나를 보고 헤벌쭉하게 웃는 모습은 천사 이상이다. 그렇게 해맑을 수가 없다.

이제는 제법 기어다니고 무엇이든 붙잡고 일어선다. 그러다 보니 어른들이 분주하기 짝이 없다. 엉덩방아를 찧고 울면 방바닥을 때려주며 '떼찌'를 하면 멀뚱한 모습으로 나를 한동안 쳐다보다가는 씩 웃는다. 요즘은 도리도리에 재미를 붙였는지 혼자서 도리도리도하다가 뒤로 자빠져 곧 숨 넘어 가듯 곡지통을 터뜨린다. 자면서도 도리도리를 한다. 그 모습을 보고 있으면 저절로 웃음이 나오고 세상시름을 다 잊는다. 그 초롱초롱한 눈이며 작고 앙증맞은 손발이며 오물거리며 젖병 빠는 모습 등은 신기하다 못해 경이롭다. 새삼 생명이 신비롭다.

이빨이 나기 시작했다. 이제는 무엇이든 물어뜯는다. 딱딱한 것을 손에 쥐어 줄 수가 없다. 물어뜯다가 혹시나 이빨이 상할까봐서다. 인간은 이빨이 나면서부터 투쟁을 배운다고 한다. 물어뜯지 않으면 살아남을 수 없다는 본능의 작용이라고 심리학자들은 말한다. 몸에 털이 나면서부터는 누군가를 사랑하기 시작한다. 그리고 남을 밟지 않으면 경쟁에서 살아남을 수 없다는 것을 배우게 되고 급기야는 부모의 품을 떠나 제 나름대로의 새로운 세상을 만들어 간다. 세상을 향해 작으나마 적의를 드러내고 투쟁의식을 기르는 첫 번째 통과의례다.

추석 무렵에 덜커덕 감기에 걸렸다. 기침을 하고 콧물을 줄줄 흘리면서 괴로워 칭얼대는 모습을 보면 너무 안쓰러웠다. 며칠 사이에 수척해지고 아무리 얼러도 잘 웃지도 않았다. 풀이 죽은 모습을 보니 내가 더 아팠다. 밤에 자다가도 코가 막혀 괴로워하면 살짝 환기를 시켜 코를 터주고 너무 춥지 않을까 싶어 기다렸다가 다시 문단속을 해주었다. 이틀 밤을 그렇게 정성을 들였다. 다행히 4일째부터는 조금씩 차도를 보이면서 본래의 보습으로 되돌아가자 우리도 한시름 놓았다. 그러나 그 이후부터는 그전처럼 무조건 '헤' 하고 마구 웃지 않는다. 얼러도 한참을 쳐다보며 웃을까 말까를 심각하게 생각하는 듯했다. 벌써 세상을 알아버린 것이 아닌가 하는 다소 엉뚱한 생각도 해 본다. 인생이란 그렇게 마냥 웃고만 넘길 일이 아니라는 것을 깨달은 것이라고 추측을 하면 아이의 앞날이 또 걱정이다. 이 살벌한 생존경쟁의 와중을 저 어리고 가냘픈 아이가 어떻게 헤쳐 나갈까를 생각하면 우리는 새로운 업을 짓는 것이 아닐까 하고 우울해지기도 한다.

〈켄터키 옛집〉이라는 노래가 있다. 노랫말 중에

켄터키 옛집에 햇빛 비취어 여름날 검둥이 시절, 저 새는 긴 날을 노래 부를 때 옥수수는 벌써 익었다. 마루를 구르며 노는 어린것, 세상을 모르고 노나. 어려운 시절이 닥쳐오리니 잘 쉬어라 켄터키 옛집.

이 노랫말은 인간의 고단한 삶을 예단하고 철없이 노는 어린 시절이 오히려 생의 휴식기이고 낭만기浪漫期임을 암시한다. 그렇다. 저 어린것이 생의 고달함을 어떻게 알까만 험난할 수밖에 없는 삶의 여로旅路를 생각하면 간단없이 애처로워진다. 그러나 나는 저 가냘픈 생명이 슬기롭게 이 험한 세상을 헤쳐 나가며 행복하게 살아나갈 수 있도록 힘을 보태야 한다고 다짐을 한다. 예쁘게 자라다오. 험한 풍파 만나지 말고 네가 뜻하는 대로 모든 것이 이루어질 수 있도록, 그래서 행복하게 자랄 수 있도록, 잠든 아이의 손을 잡고 기도한다.

과객론過客論

뜨거운 볕이 내리쬐는 여름날의 권태가 여자를 사랑으로 몰고 간 것일까? 선량하고 착하기만 한 남편의 평범한 일상에 질린 탓일까? 그리고 다 커버린 자식들의 무관심이 그녀를 그런 사랑의 열정으로 몰고 간 것일까? 아니면 오랜만에 찾아온 텅 빈 시간의 한가로움과 아무도 간섭하지 않는 자유롭고 나른한 공간의 자유가 그녀를 달콤한 환상의 세계로 빠져들게 한 것일까? 그도 아니면 예이츠(Yeats)의 시를 외우는 그의 지성과 바람처럼 떠도는 야성이 그녀를 매료시킨 것일까? 그도 저도 아니면 열정적인 키스나 섹스도 없이 습관화 되어버린 부부생활에서 일탈하고자 했을까?

남편과 아이들이 집을 비운 4일 동안 여자는 잊지 못할 사랑을 한다. "별을 의지하고 대초원을 나는 두 마리의 고독한 작은 새처럼 그 먼 옛날부터 우리는 서로를 향해 날고 있었다." 남자가 여자에게 보낸 편지다. 그들의 사랑이 결코 우연히 아니라 숙명이라는 거다. 미국에서 천만 부가 팔렸고 한국에서도 120쇄까지 찍은 로버트 제임스 월러(Robert James Waller)의 베스트셀러 소설 ≪메디슨 카운트의 다리((The Bridges of Medison County)≫의 줄거리다. 클린트 이스트우드(Clint Eastwood)가 주연하고 감독까지 하여 영화로 만들어져 많은 여성들의 심금을 울렸다. 이 소설이나 영화를 본 주부들은 '나도 저런 사랑을 한 번쯤 해봤으면…….' 하고 상상한다. 불륜을 미화했다는 평도 있고, 다른 한편으로는 중년 여성의 내재한 사랑의 환상을 아름답게 그렸다는 평가도 있다. 미국에서는 이 소설을 읽은 독자의 40%가 울었다고 한다.

그들의 사랑을 비록 갖은 미사여구로 묘사했다 하더라도 결국 남편은 생활비나 벌어오는 '창밖의 남자'로, 잠이나 자고 떠나는 '과객'으로밖에 그려지지 않았다는 인식과 함께 여자들에게는 '참사랑'을 할 사람은 따로 있다는 환상을 심어준 '불륜의 다리'라는 평도 있었다. 부부간의 사랑이란 처음 만날 때는 사랑하고 보고 싶어 견딜 수 없었기 때문에 결혼했을 것이다. 그러나 세월이 지나면 부부는 사랑으로 사는 게 아니고 '습관'으로 산다. 부부는 늘 그렇게 물고 빨고 하는 사랑놀이가 중요한 것이 아니라, 먹고 사는 문제가 더 중요하다는 것을 남자는 인식하지만 여자들의 낭만은 그리 쉽게 포기되지 않는다. 중년기 여성들이 겪는 정체성 혼돈의 문제는 남편이라는 상대의 문제가 아니라 실은 자기 자신의 문제인 것이다. 자식 키우고 남편 뒷바라지에 정신에 없던 어느 날 라디오에서 흘러나오는 옛 노래 한 곡에 정신이 번쩍 들어 '나는 뭔가.' 하고 회의하고 옛날 만났던 남자친구에게 전화라도 해보고 싶어 한다. 뭔가 잃어버린 것 같고 나만 뒤처진 듯 초라하게 느껴지기도 한다. 이게 외도의 실마리가 될 수 있다. 그러나 이 세상에서 완전한 사랑은 없다. 다만 인간이 상상하는 영원한 사랑은 존재할 수도 있다. 그런 사랑의 환상이 이런 소설이나 영화를 열광하게 한다.

영화에서 가장 많은 관객들을 울린 장면은 이 영화의 클라이맥스 부분이다.

남편과 아이들이 돌아왔고 남자는 떠나야 했다. 이틀 후, 비는 쏟아지는데 여자는 슈퍼에서 쇼핑한 봉지를 안고 남편 자동차 옆 좌석에 앉는다. 그때 그녀의 눈에 비친 남자. 비를 받으며 보고 서 있다. 비를 맞아 찰싹 달라붙은 머리칼이 그를 더욱 초라하고 불쌍하게 만든다. 서로 그렇게 보고 있다. 이윽고 남편이 돌아와 운전석에 앉는다. 그러자 남자가 돌아섰다. 남편은 시동을 걸고 차를 출발시킨다. 교통신호에 막힌 그들 차 앞에 픽업 하나가 서 있다. 신호가 바뀌었는데도 앞차는 출발하지 않는다. 남편이 그랬다. "신호가 바뀌었는데 왜 안 가지?" 앞차는 오래도록 안 가고 서 있다. 여자가 차문을 열려고 문고리에 손가락을 걸고 주저주저한다. 여자는 차문을 열고 그에게 달려갈 것인가? 영화는 여기서 거리 풍경, 여자의 얼굴, 앞차의 모습 등 여러 컷을 보여준다. 지연遲延을 통한 긴장감을 조성하려는 의도다. 관객들은 침을 삼킨다. 남편이 클랙슨을 울린다. 이윽고 앞차가 떠난다. 비장한 첼로의 선율이 심장을 흔든다. 여자가 운다. 남편이 묻는다. "왜 그래?" "그냥 울고 싶어요." 집으로 돌아온 여자는 집 모퉁이에 혼자 쭈그리고 앉아 소리 없이 운다. 음악이 절정으로 치닫는다. 객석 여기저기서 훌쩍거린다.

그렇다. 여기까지는 그럴 수 있다고 하자. 살다보면 잊을 수 없는 사랑도 하고, 가슴 아픈 이별도 할 수 있다. 그러나 여자는 죽으면서 자녀들이 아버지의 묘 옆에 준비한 자리를 마다하고 남자의 뼈가 뿌려진 '로즈 먼' 다리에 자신의 뼈를 뿌려줄 것을 당부한다. 결국 저승까지 가져가겠다는 것이다. 그녀에게 남편은 그야말로 철저한 '과객'이었던 것이다.

우리네 인생도 크게 다를 바 없다. 남편이 그런대로 돈도 벌고 행세깨나 할 때는 고개 숙이고 다소곳하게 처신하던 아내가 남편이 힘 빠지고 돈 못 벌어올 때가 되면 갑자기 소리가 커진다. 텔레비전에서 얻어들은 잡식에 가까운 지식들을 마치 대단한 진리인 양 떠들며 남편의 무식을 흉보고 이웃집 남자들은 왜 그리 또 착한지, 청소는 물론 세탁기까지 돌려주며 아내를 위한다는데, 하루 세끼 꼬박꼬박 챙겨 먹으면서 마누라 힘들게 한다고 천하에 둘도 없는 야만인 취급을 한다. 내가 당한 설움만큼 너도 당해보란 듯, 한풀이하듯 산다. 젊었을 때 일하느라고 자식들을 제대로 챙기지 못한 탓에 무슨 논쟁거리라도 생기면 대부분의 경우, 자식들은 엄마 편을 든다. 한창 열정적으로 일했던 시기에 무심코 했던 소소한 행위들이 상대에게 상처로 남았다면 그 또한 반성해야겠지만 이해하려 들면 이해 못할 것도 없는데 까탈을 부리니 억울하다. 소외감이 들 때가 한두 번이 아니다. 그래서 나이가 들면 남자는 안으로 잦아들고 여자는 밖으로 나돈다. 남자가 늙어지면 굳이 세상사 알려고 들지 않지만 여자는 시시콜콜 주워담는다. 그래서 남자는 점점 말이 없어지고 무식(?)해지지만 여자는 하루가 다르게 유식(?)해지고 다변多辯해진다. 물론 그렇지 않은 여자들도 있다. 힘과 패기가 넘치던 남자가 어느새 늙어 의기소침해지는 것을 애처로워하며 등 두드려 용기를 불어넣고 오히려 젊었을 때보다 더 남편을 위하며 활기 있게 사는 현명한 여자들이 없는 건 아니다. 그나저나 우리네 남자들은 이제 주객이 아니고 '과객'에 불과하다는 것은 자명해졌다.

물론 남자도 잊지 못할 사랑을 할 수도 있다. 그러나 대부분의 남자는 돌아온다. 지켜야 할 것들이 있기 때문이다. 그러나 집 떠난 로라는 돌아오지 않는다. 백 년을 혼자 살 수는 있지만 함께 살기란 어렵다.

늙기도 서러운데 '과객' 취급에 더욱 마음이 상한다.

차통의 전성시대

흔히 사람들이 대통령을 부를 때 성씨에다 대통령을 줄여 '○통'이라고 부른다. 박정희 대통령은 '박통'으로, 전두환 대통령은 '전통'으로 말이다. 우리 동네에는 '차통'이 있다. 무슨 대통령을 지내서 그리 불리는 것이 아니라, 우리 아파트 통장을 지냈고 성씨가 차 씨이다 보니 사람들이 '차 통장' 이라 부르기가 너무 길고 불편하다 하여 줄여서 그냥 '차통'으로 부른다. 몇 년 전에 통장직을 그만두었는데도 여전히 차통이라 부른다.

요즘 그 차통이 바쁘다. 남편이 퇴직을 하자마자 삼식三食이 소리를 듣기 싫다며 서울에서 약간 떨어진 시골에 사무실처럼 쓸 조그마한 집을 구해 출근하듯이 하더니 이제는 아예 4일 정도는 그 집에서 숙식을 한다. 남편 식사 공양할 일이 없으니까 그렇게 편할 수가 없다. 안 오는 날이 정해져 있다 보니 약속 잡아 우르르 몰려다니며 먹고 싶은 음식 먹고 늦도록 돌아다녀도 뭐라고 할 사람 없고, 코 곤다고 흉보며 삐쭉거리지 않아도 되고, TV 채널로 싸울 일도 없다. 자고 싶으면 자고, 심심하면 전화통 붙들고 몇 시간씩 수다를 떨어도 눈치 볼 사람이 없다. 요즘은 몸이 찌뿌듯해 스포츠 댄스를 시작했는데 재능이 있어서인지, 열심히 해서인지는 몰라도 이제는 율동이 엉키거나 호흡이 잘 맞지 않을 때는 앞에 나가 시범까지 보이곤 한다고 한다. 지난해에는 경연대회에 나가서 상까지 받았다. 손녀가 무대까지 나가 축하 꽃다발을 안겨주자 입이 함지박만 하게 벌어졌다.

서로 떨어져 살아서인지 남편도 전에 비해 엄청 싹싹하고 고분고분해졌다. 단지 시골에 가는 날, 3-4일분 밑반찬을 해주기가 귀찮기도 하지만 달리 생각하면 그날부터 혼자서 하고 싶은 대로 하면서 편하게 지낼 수 있다는 기쁨이 더 커서 그런지 그렇게 짜증이 나지는 않는다.

그러다 심심하면 가끔 남편의 시골집을 급습한다. 그런데 시골에 가보면 차통의 입장에서 보면 불만투성이이다. 콧구멍만 한 텃밭에 심은 채소도 제대로 가꾸지 못하는 것 같고, 거년에 근처 공원에서 어렵게 구한 꽃도 잡초로 알고 뽑아버리는 남편을 향해 있는 대로 소리를 지른다. 그러면 아직도 그 못된 성질이 남아있는 남편도 맞받아치며 가라고, 빨리 가라고 소리를 지르고……, 이러다 싸움이 되고 만다. 그래도 하룻밤을 같이 지내는 재미 또한 수월찮게 쏠쏠하다. 청소는 물론이고 잡다한 심부름은 남편이 다해 주니까 차통은 그냥 여왕처럼 어슬렁거리기며 간섭만 하면 된다. 저녁에는 가지런히 앉아 술 한 잔하며 창밖으로 지는 해를 바라보며 젊었을 때의 감성을 되살리는 것도 그리 싫지는 않다. 어둠이 지고 먼 곳의 산 그림자마저 아득해지면 거실의 불을 끄고 차통이 좋아하는 조용필의 콘서트를 성능 좋은 5.1채널로 감상한다. 가끔 가다 늦은 밤, 데크에 나가 밤하늘의 별을 보며 맥주라도 한 잔 마시게 되면 내가 고생, 고생하며 이 남자를 이만큼이라도 길들인 보람이 있구나 하는 생각이 들어 스스로 흐뭇해진다. 그런 날 저녁은 죽이 잘 맞아 갑자기 다정해진다.

이튿날 아침, 신선하고 상쾌한 새벽 공기를 마시며 뒷산으로 산책을 나간다. 이름 모를 온갖 새들은 즐겁게 노래하고 산 중턱에 걸린 안개는 느릿느릿 산허리를 감고 돌면서 선경을 연출한다. 아! 좋다. 냇가에 앉아 차가운 물에 세수를 하고 약수터에서 식수 한 통 떠서 유유히 내려오면 남편은 텃밭에 풀을 뽑고 물을 주기도 한다. 싱싱한 상추를 솎아 아침을 먹으면서 삶이란 살아볼 만한 것이라는 생각이 들기도 한다. 그러나 그것도 딱 하루다. 그 이튿날부터는 반드시 찾는 전화가 빗발친다. 이번 가을에 있을 축제에 나가야 하는데 의상은 어떻게 할 거며, 남자가 부족한데 누가 남자 대역을 해야 하는지 등등의 전화가 온다. 차통은 댄스 팀의 총무다. 그래서 서울로 가야 하지만 그것보다 차통 부부는 이틀만 붙어 있으면 반드시 싸운다. 그것도 대판 붙는다. 지금 헤어져야 후환이 없다. 그래서 차통은 이런저런 핑계로 서울로 오고 만다.

주말이 되면 대체로 남편이 올라온다. 밑반찬도 조달해야 하고 빨래거리도 가지고 온다. 그리고 손주들도 볼 겸, 겸사겸사다. 차통은 이런 기회를 놓치지 않는다. 우선 진공청소기를 보는 앞에서 조금 크게, 거칠게, 신경질적으로 돌린다. 그러면서 그런다.

"아직도 정신 못 차렸구먼. 소파에 앉아서 발만 들었다 놓았다 하는 걸 보니. 앞집 남자, 뒷집 남자, 대한민국 모든 남자들은 마누라 허리 아프고 힘든다고 청소는 물론 세탁기까지 돌린다는데……." 하며 들으라는 듯이 코앞에서 궁시렁거리며 혀를 끌끌 찬다. 그러면 남편은 슬그머니 일어나 막대걸레를 들고 바닥을 닦기 시작하면서 그도 들으라는 듯이 투덜댄다.

"평창동계 올림픽 때는 컬링 선수로 나가야겠어. 오나가나 걸레질로 이골이 났으니까, 틀림없이 금메달 딸 거야."

"금메달만 따라. 내 업어줄 테니까."

이래서 차통은 남편에게 말끔히 집안 청소를 시킨다. 이제는 습관이 되어 차통이 청소기를 돌리면 자동적으로 남편은 막대걸레를 들고 나선다. 그런 날 저녁에 차통은 남편 데리고 나가 외식을 한다. 술도 한 잔 시준다. 그러면서 차통은 상전벽

해라는 말은 이럴 때 쓰는 말이구나. 저 남자가 저리 될 줄은 꿈에도 생각 못 했는데……. 고생 끝에 낙이 온다는 옛말이 하나도 틀리지 않는다는 생각을 하며 만족해 한다. 요컨대 사는 일이 즐겁다.

차통의 전성시대다.

PD되기

나는 정말 우연히 PD가 되었다. PD가 무엇을 하는 직업인지 그 직업이 갖는 사회적인 인식이 어떠한지도 몰랐다.

김신조가 넘어오기 전 해인 1967년 군대는 그야말로 난장판이었다. 당시의 최전방은 돈 없고 '빽' 없는 사람들의 집합소였다. 고참병이나 그 안에서도 빽 있고 요령 좋은 사람들은 주말마다 서울로 외출을 나갔고 주말의 영내는 그냥 텅 비다시피 했다. 남들은 낭만적인 대학생활을 즐길 가을날 군대로 끌려갔고 돈 없고 빽 없는 나는 당연히 최전방으로 배치되어 그곳에서 죽을 고생을 했다. 그러나 처음 배치되었던 연대에서 말단 소총부대로 재배치되면서 나는 좀 편한 생활을 할 수 있게 되었다. 대부분 초등학교 학력이 고작인 그곳에서 나는 사역이나 훈련 같은 고된 생활 대신 따뜻한 행정반에서 행정을 보는 일에 종사할 수 있었기 때문이다.

입대한 그 다음해 1월 21일 김신조가 넘어왔다. 김신조가 넘어오던 그 지독히도 추운날 밤, 나는 내무반 불침번을 서고 있었다. 교대시간이 되었는데도 다음 순번인 고참이 일어나질 않아 나는 계속 근무를 하고 있었다. 당시는 고참병이 보초시간에 일어나지 않으면 쫄병은 밤새도록 보초를 서야 했다. 불평이 있을 수 없고 항의란 도저히 상상할 수가 없는 시절이었다. 오늘도 잠자기는 글렀다고 생각하고 따뜻한 페치카에 등을 붙이고 한참을 졸고 있는데 갑자기 전화기가 울려댔다. 눈도 제대로 뜨지 못하고 "멸공! 00부대 장 이병" 어쩌고저쩌고 입을 떼려고 하는데 전화기에서 불꽃이 마구 일어났다. 통화중에 전화가 오면 어댑터에서 소리 대신 불빛이 번쩍거려 전화가 왔음을 알리는 군대 특유의 통화방식이다. 쫄병인 나는 어쩔 줄 몰라 어느 전화부터 받아야 할지 당황해 하고 있는데, 나한테 불침번을 맡겨 놓고 불안한 잠을 자던 고참이 벌떡 일어나 황망히 전화를 받고는 새파랗게 질려 소리치는 거였다.

"비상! 비상! 완전군장! 대기!"

내무반은 순식간에 수라장이 되고 말았다. 그러자 얼마 지나지 않아 자동차의 헤드라이트가 비치더니 권총 차고 철모까지 덮어쓴 중대장이 들이닥쳤다. 연병장에 중대원들을 집합시켜 화기점검을 한 후 실탄까지 장전시켰다. 곧이어 트럭이 부대 내로 들어오고, 2 · 4종 창고에 있는 보급품까지 적재시켰다. 당시 2·4종 보급품 조수였던 나는 사수를 도와 보급품을 트럭에 정신없이 옮겨 싣는데 사수가 중얼거렸다.

"씨팔, 참 지독히 재수 없네. 제대 한 달 남기고 전쟁이 터지다니……."

놀란 건 나였다.

"병장님! 정말 전쟁이 일어난 겁니까?"

"네 놈도 참 재수 없다. 새까만 쫄병 시절에 전쟁이 일어났으니, 니가 무슨 재주로 살아남겠노."

나는 정말 전쟁이 난 줄 알았다. 쫄병 시절이라 번번한 내의 한 벌 없던 나는 트럭 뒤칸에서 차가운 바람을 조금이라도 피해볼 요량으로 짐과 짐 사이에 옹크리고 앉아 서시나무 떨듯 떨면서 이렇게 죽게 마련인 내 인생을 생각하며 억울해 했다.

작전지는 어디 숨을 곳이라고는 한 군데도 없는 사방이 터진 허허벌판이었다. 우리 부대의 작전은 퇴각하는 김신조 일당의 퇴로를 차단하고 그들을 사살하는 임무였다. 작전상 불을 피울 수 없는 것은 물론이고 담배마저도 피우지 못하게 했다. 유난히 추웠던 그 겨울 밤 모두들 동사하지 않고 살아 돌아올 수 있었다는 게 사실 기적에 가까웠다.

그러나 군대는 역시 군대였다. 낮에 취사장에서 밥을 하고 남는 숯을 배낭 속에 감추었다가 보초 서는 자리에 구덩이를 파고 숯불을 피우고 그 위에다 양철 쪼가리를 덮어 동상을 예방하는 비법이 나오면서 한결 보초서기가 수월해졌다.

나는 군대에 갓 들어간 신병이어서 모든 게 서툴렀다. 그래서 그 작전지에서도 고참들에게 곧잘 얻어터지곤 했는데, 이 서투름이 나를 살린 것이다. 한 치의 오차나 빈틈이 있으면 안 되는 살벌한 이 작전의 한복판에서 똥인지 된장인지도 구별 못하는 어리바리한 철부지 쫄병이 상사들의 눈에는 불안하기 짝이 없었다.

그때 마침 상부에서 퇴각하는 적의 일당들이 추위와 굶주림에 지쳐 혹시 보급 창고를 노릴 수 있으니까 보급 창고의 경계를 강화하라는 지시가 내려왔다. 중대본부에는 행정요원 한 사람만이 중대본부를 지키고 있었고, 중요한 연락을 주고받아야 하는 전화가 있는 중대 행정반과 보급 창고는 200미터 정도 떨어진 곳에 위치하고 있어서 행정반과 보급 창고를 동시에 지키기란 어림없었다. 그래서 나는 보급 창고를 사수하라는 명령을 받고 중대 본부로 철수했다. 선임하사는 내게 캘빈 M2 소총과 30발 연발 탄창을 주면서 이렇게 말했다.

"5초 내에 암호를 못 대는 놈이 있다면 창고 안에서 무조건 갈겨라. 이 탄창은 한 번에 30발이 나간다. 니가 못 쏘면 상대가 너를 죽인다. 알았나."

아! 한눈팔다가는 쥐도 새도 모르게 죽어나가는 곳이 군대구나, 생각하니 내장까지 덜덜 떨렸다. 그 후 군대 생활 3년 동안 몇 사람의 동료들이 죽어나가는 것을 목격했지만 그때까지는 그런 광경을 본 적이 없어서 나도 모르게 입안에 침이

마르고 목이 뻣뻣하게 굳어졌다.

어쨌든 나는 그렇게 그 작전지에서 벗어날 수 있었다.

몇 번의 검문을 받아가면서 한나절을 걸어 중대에 도착했다. 당초 선임하사가 공갈을 치듯이 중대본부는 그렇게 살벌하지 않았다. 중대본부 앞에서 군화 끈을 헐렁하게 맨 행정요원이 철모도 안 쓰고 빙그레 웃으면서 나를 맞이했다.

그 행정요원은 나보다 약 1년 6개월 정도 빠른 고참병으로서 모 대학 연극영화과를 다니다 입대한 친구인데 이 친구의 꿈이 바로 PD가 되는 것이었다. 살벌한 작전지에 비하면 중대본부는 평화롭기 그지없었다.

아침, 점심, 저녁 세끼를 대대 취사장까지 내려가 타오는 일이 귀찮았지만 그 정도는 작전지에서의 고생에 비하면 아무것도 아니었다. 그 외 시간에는 둘이서 장기를 두거나 잡담으로 소일했다. 그러다 신상 이야기가 나오면서 그 친구는 눈을 부릅뜨고 입에 거품까지 물어 가면서 열을 내기 시작했다. 자기가 얼마나 PD가 되기 위해 공부를 열심히 했으며, 자기는 제대해 나가면 반드시 PD가 되고 말겠으며, 자기가 PD가 되면 예쁜 탤런트 하나쯤은 소개시켜 줄 수 있다고 으쓱거렸다. 또 그 직업이 얼마나 매력적이며 사나이다운 직업인가도……. 얼마나 많은 탤런트들이 PD들한테 꺼벅 죽는지, 또 그 일이 얼마나 재미있는지에 대해 끊임없이 주절거렸다. 그때 나는 비로소 세상에는 그런 희한한 직업도 있구나, 하고 알았다. 그 후 그는 시간이 날 때마다 PD라는 직업에 대해서 말했고, 나는 그의 이야기를 열심히 들어 주었다.

반면 나에게는 그와는 전혀 다른 꿈이 있었다. 수차례에 걸쳐 나는 신춘문예에 도전했지만 번번이 낙방하고 만 소위 문학청년이었다. 그 병장이라는 친구도 나의 화법과 사용하는 언어를 통해 내가 문학에의 꿈을 가지고 있다는 사실을 어느 정도 알고 있었고 나중에 친해지자 그에게 나의 숨은 욕망과 꿈을 털어놓기도 했다. 그러나 그 친구는 문학이 얼마나 고달프며 배가 고픈 직업인가를 역설하면서 나 같은 놈이 PD가 되면 아주 잘할 거라며 부추겼다. 그러나 나는 사실 그런 딴따라가 될 생각은 추호도 없었다.

지금도 프랑스의 몽마르트나 독일의 슈바빙에서는 절대 빈곤을 자랑으로 삼고 자신이 천재라는 확신을 보석처럼 끌어안고 사는 수많은 예술가들이 있다고 역설하면서 나는 절대로 비굴하지 않고 타협하지도 않으며 오로지 문학만을 위해 살 거라고 강조했다. 그러자 그 친구는 내 뒤통수를 치면서 "자식아! 배고파 봐라. 눈에 뭐가 보이는지? 놀고 있네." 하면서 비아냥거렸다. 그는 나의 고상한 취미를 비웃었고 나는 그의 천박한 놀음을 손가락질했다.

그럭저럭 세월이 흘러 그 친구도 제대를 하고 나도 세상으로 나왔다.

세상은 군대보다 더 비참했다. 아무도 나를 반겨주지 않았다. 친구들은 친구들대로 대학생활에 젖어 나를 건성으로 대했고, 형님 집에서는 잠잘 방조차 없었다. 다행히 제대한 계절이 여름이라 마루에서 새우잠을 잘 수는 있었지만 무엇을 할까 아무리 궁리를 해도 별 뾰족한 수가 없었다.

가을이 깊어가는 어느 날, 나의 제대를 축하하기 위해 다수의 악동들이 추렴을 해 술을 한 잔 샀다. 그날 나는 나와 함께 문학을 같이했던 몇몇 친구들이 신춘문예로 혹은 문학잡지의 추천으로 시인이 되었거나 소설가가 된 사실을 알았다. 아! 그들이 시인이 되었다. 충격이었다. 나는 그날부터 불같은 열정에 사로잡혀 골방에 처박아 두었던 습작노트를 다시 꺼내 보았다. 3년의 세월은 나를 철들게 만들었는지 어쨌는지는 몰라도 놀랍게도 그 습작품들은 유치하기 짝이 없었다.

나는 그 노트들을 불태웠다. 그리고 황야로의 탈출을 시도했다. 돈 한 푼 없이 대구역 개구멍을 빠져나와 서울행 야간특급열차에 올라탔다. 당시 그 특급열차는 오늘날의 KTX처럼 부산을 출발해 대구, 대전을 찍고 바로 서울로 가는 직행열차였다. 잡혀도 대전까지는 간다. 무임승차하다 잡히면 대개는 철로변의 오물 같은 것을 치우는 벌을 받고 풀려나기 일쑤라는 것을 고등학교 때 무전여행을 해봐서 알기 때문에 겁도 없이 올라탄 것이다. 요행히 의자 밑에 숨어서 검표원의 눈을 피할 수 있었고 나는 무사히 서울역에 내렸다. 그러나 서울역은 대구역처럼 그렇게 허술하지 않았다. 날은 희부옇게 밝아 오는데 어디에도 빠져 나갈 개구멍은 보이지 않았다. 그때 마침 부산으로 내려가는 완행열차가 뜨거운 김을 내뿜으면서 플랫폼에 정차해 있었고 보퉁이를 머리에 이고 진 사람들이 올라타고 있었다. 도저히 빠져나갈 자신이 없었던 나는 그 열차를 타고 수원까지 도로 내려갔다. 경험으로 볼 때 수원역은 어느 정도는 허술할 것 같아서다. 내 예상은 적중했다.

당초 나는 서울로 올라올 때 집안 형편이 좋아 서울에서 그런대로 여유 있게 공부하고 있는 몇몇 친구들을 순례하면서 신세 지기로 마음을 먹은 터였다. 그런데 엉뚱하게도 서울역이 아닌 수원역에서 내리게 되었으니 한참을 수원역 대합실에서 주저할 수밖에 없었다. 서울까지 올라갈 차비도 없거니와 공짜 열차를 타고 서울역을 빠져나갈 자신도 없었다. 그러나 죽으라는 법은 없었다. 서울 농대가 수원에 있다는 사실을 기억해 냈고 나의 절친한 친구가 농대에 다니고 있다는 사실은 나를 사지死地에서 구한 것이다.

나는 무작정 서울 농대 정문으로 갔다. 그리고 등교하는 학생들을 붙잡고 친구의 이름을 대며 그를 찾아왔노라고 그에게 연락을 해달라고 통사정을 했다.

우여곡절 끝에 그를 만났다. 나는 그에게 말했다.

"당분간 니 신세를 좀 져야겠다."

내 처지를 너무 잘 아는 그는 내게 말했다.

"그럼 밥은 네가 해라."

그래서 그는 하숙 대신 자취를 하게 되었고 밥은 내가 해댔다. 그러나 사실은 막막했다. 뚜렷한 계획이 있는 것도 아니고 목표가 있는 것도 아니었다.

그러던 어느 날 쓰레기통에서 뒹구는 날짜 지난 신문을 주워들고 화장실에 앉아서 볼일을 보는데 PD라는 글자가 눈에 들어왔다. 자세히 보니 중앙방송국(KBS) PD를 뽑는다는 광고였다. 나는 그 신문 쪼가리를 찢어 호주머니에 찔러 놓고 친구에게 합격되면 갚기로 하고 지금 정확한 액수는 생각이 안 나지만 관련 책을 사는 비용을 빌렸다. 한 3개월 공부를 했다.

3개월 후 모 대학에서 시험이 있었다. 그런데 응시자들이 수천 명은 되는 것 같았다. 나는 이것도 글렀구나, 하고 반쯤 포기하고 있는데, 그때 군대 그 고참이 나타난 것이었다. 그도 PD시험을 보러 온 것이다. 그는 환하게 웃으면서 자식 니가 올 줄 알았다, 문학 어쩌고저쩌고 하고 개지랄을 떨어도 벌써 니가 이 방면에 솔깃해 있다는 걸 진작 알아봤다 어쩌고 하면서, "그러면 그렇지 니 따위가 나한테 설득당하지 않을 수 없지." 하는 느긋한 표정으로 군대시절처럼 또 내 뒤통수를 쳤다. 솔직히 말해 군대도 아니고 내가 지 쫄병도 아닌데 무척 기분이 나빴지만 그것보다도 이렇게 많은 사람들이 응시를 했는데 과연 가망이 있는 것인지 어쩐지가 더 궁금했다. 그러자 그 친구는 이런 병신, 다 PD되려고 시험 보러 온 것이 아니고 문화공보부 공무원 시험도 같이 치는 거라고 귀띔을 해줬다. 당시는 KBS가 문화공보부에 소속되어 있었기 때문에 문공부를 거쳐서 KBS로 발령이 난다고 일러주었다. 이러나저러나 시험이나 잘 봐 놓아야 하기에 머리에 쥐가 날 정도로 생각하고 궁리해서 답안을 작성했다.

그럭저럭 시험이 끝나고 나는 그가 이끄는 대로 선술집에 앉아서 술을 마시면서 답안을 맞추어 보았다. 나의 답은 그와는 정반대였다. 조목조목 그의 설명에 나는 고개를 떨굴 수밖에 없었다. 내가 하도 실망해 하자 그는 나에게 2차로 생맥주까지 한 잔 사주면서 너무 실망하지 말라고, 생활이 그대를 속일지라도 그대는 슬퍼하거나 노하지 말라고, 푸시킨(Pushkin)의 시詩까지 읊어주면서 나를 수원행 버스까지 태워 주었다.

한 달 후 나는 합격통지서를 받았다. 나중에 들은 소식이지만 그 친구는 우유대리점을 하면서 생계를 유지한다고 했다. 그때 술까지 사주면서 나를 위로했던 그 은혜(?)를 갚기 위해 수소문을 했지만 그 친구는 연락이 되질 않았다.

그래서 나는 정말 우연히 PD가 되었다. 지금도 나는 "삶은 이미 정해져 있거늘(人生旣有定) 뜬구름 같은 인간들이 공연히 바쁘다(浮生空自忙)"라는 옛말을 믿는다. 김신조와 그 고참병과 그리고 나의 문학적 욕구, 이런 것들이 나를 PD로 만들었다고 믿는다. 나의 문학에의 열망을 빼고 나면 모든 것들이 우연히 만나고 우연히 이루어졌다. 두드리면 열릴 것이라는 성경의 구절은 그저 희망을 잃지 말라는 경구에 지나지 않는다는 생각을 한다. 그토록 PD가 열망인 그 고참병은 꿈을 이루지 못했고 막다른 골목에서 호구지책으로 택한 나는 PD가 되었으니 말이다.

한낮의 우울

그가 오기로 한 시간이 벌써 지났는데도 소식이 없다. 스태프들은 한여름의 오수午睡를 즐기고 있다. 매미는 귀청이 찢어지게 울어대고 모든 풍경은 정지해 버린 듯하다. 마을 가장자리 가장 높은 곳에 위치한 한옥의 시원한 대청마루에서 나는 막 낮잠에서 깨어나 멍한 기분으로 멀리 시선을 두었다. 내리쬐는 햇살 때문에 모든 게 하얗게 바래버린 듯하다. 마을 어귀를 휘돌아 나가는 강가에서 한 강태공이 조는 듯 낚싯대를 드리우고 있다. 한낮의 폭염 때문인지 마을 전체가 움직임이 없다. 배우俳優가 없으니 오늘 촬영은 틀린 것 같다. 사고나 없었으면 하는 바람이다. 휴대전화도 없었던 시절이라 어디 연락할 데도 없다. 아직 조금의 여유는 있어서 마음을 느긋하게 먹고 기다리기로 했다. 나는 일어나 천천히 마을을 걸었다. 갈증이라도 해소할 양으로 마을 입구에 있는 구멍가게에 들렀더니 주인은 없고 선풍기만 홀로 돈다. 강가로 발길을 옮겼다. 낚시꾼은 아직도 그대로다. 옆에 바구니를 봤더니 피라미만 몇 마리 있다.

"고기가 많이 잡히는가요?" "웬걸요." 70이 가까워 보이는 노인이 느릿느릿하게 말을 잇는다. 노인의 몸에, 어려움을 잘 견디어 내고 살아남은 자의 녹록지 않은 고집이 엿보인다. "이 동네 사세요?" "저 위쪽 댓골에 삽니다." "아, 네." 그리고는 나도 노인 옆에 앉아 말없이 강을 내려다봤다. 여름 햇살이 강물에 실려 눈부시게 부서지고 있었다.

기차가 기적을 요란하게 울리며 지나갔다. "촬영하러 오신 일행이요?" "네." 그리고는 노인은 말이 없다. 낚시도 움직임이 없다. 정적이다. 목관악기의 맑고 깨끗한 음향에 실려 나오는 모차르트의 '클라리넷 협주곡'을 연상케 한다. 시드니 폴락 감독의 영화 〈아웃 오브 아프리카〉에서의 드넓은 아프리카 초원에 텐트를 치고 야영하면서 불타는 저녁놀을 배경으로 커피를 마시며 듣던 그 음악이 주는 감동이다. 막차마저 끊긴 시간, 상점의 불빛이 조는 듯 가물거리는 거리를 느릿느릿 술 취해 걸어가는 중년 사내의 외로운 뒷모습을 볼 때, 관 뚜껑에 못질하듯 가을비가 처량하게 추적거릴 때의 그런 감상이다. 나는 마음속으로 나지막하게 멜로디를 읊었고 노인은 강물만 바라보았다.

얼마가 지났을까. 노인이 무거운 침묵을 깨며 물었다. "나와 술 한잔하시겠소?" 나는 노인이 무슨 뜻으로 그러나 싶어 잠시 머뭇거렸으나 노인은 "별뜻은 없소. 그냥 오늘은 일이 없는 것 같아서……. 싫으면 관두시고." 나는 얼른 되받았다. "폐가 안 된다면……." "폐는 무슨……. 따라오시오." 하고는 앞장을 섰다.

노인의 집은 동네 끝자락 둔덕 위에 있었다. 민속마을로 지정되어 고옥이 많은 동네이긴 하지만 노인 집 초입에 허물어진 기와집 몇 채가 눈에 들어왔다. 나는 걸음을 멈추었다. 노인이 그랬다. "한때는 다 떵떵거리며 살던 집안이었는데……."

봄은 잠시 왔다간다는 것을 알지만 어쩐지 세상사 쓸쓸해진다. 사라져 간다는 것, 폐허가 된다는 것은 외로움이나 비애만은 아닐 것이다. 수십 년간 비바람을 맞고 기와 위에 내려앉은 푸른 이끼들, 삭아진 문설주에 삐딱하게 매달린 낡은 주련柱聯, 판독하기 어려운 글자들, 주저앉은 대들보, 찢어진 창호지, 먼지만 수북한 대청마루, 그 텅 빈 공간을 뒤덮은 무성한 잡초, 적막……. 장엄한 아름다움이 바로 이런 것일까. 한때, 가세는 하늘을 찔렀을 것이고 그 조상이 분명하여 후손들은 학문이 높은 데다가 엄격함이 사방으로 퍼져, 향내 나는 양반이라는 소리를 들었을 명문 세족들이었을 것이다. 그렇지 않으면 대쪽 같은 지조로 헛된 명리를 초개草芥같이 버리고 오로지 묵향과 거문고만을 벗삼아 은거隱居한 선비일 수도 있으리라. 가뭇

없이 사라진 그들의 영화榮華가 눈물겹다.

모깃불이 자욱한 마당 평상에서 나는 노인과 농주 몇 잔을 했다.

설핏 어두워지면서 하늘에는 별들이 아우성치듯 쏟아지고 호박넝쿨 사이로 반딧불이가 어지럽게 날았다. 바람이 쏴하고 대밭을 훑고 지나갔다. 원형이정元亨利貞이라 했던가. 벌써 여름이 가는 듯 야기夜氣가 써늘하게 등줄기를 훑어내는가 싶더니 살갗에 잔소름마저 인다. PD라는 별다른 직업에 관심도 있으련만 노인은 몇 마디만 물어보고는 말이 없다. 술잔이 비면 술을 부어줄 따름이다. 가끔 고개를 들어 뜰에 핀 꽃을 보고 새소리에 귀를 기울이는 듯했다. 무심無心인가. 꽃들은 웃고 있지만 그 웃음소리가 들리지 않고(花笑檻前聲未聽) 새가 울지만 눈물이 보이지 않았다(鳥啼林下淚難看).

하루 종일 가슴을 무겁게 했던 우울憂鬱이 스멀스멀 빠져나간다. 참 편안하다. 농주의 취기도 만만치 않았겠지만 그냥 누워 잠들고 싶다. 얼마 만에 맛보는 안락함인가. 종종거리며 산 세월들이 아득하다. 당장 내일은 오늘 몫까지 촬영해야 하기에 엄청 바쁠 것이다.

내 언제일까. 이 저급한 세속의 욕망을 털어 버리고 비록 남들이 보면 보잘것없는 소망일망정 스스로의 신념에 의존하여 이런 산속에 한갓지게 묻혀 지낼 수 있는 날이…….

3부

하오의 고독
어느 봄날
슬픈 불꽃놀이
사라지는 것은 시간이 아니다…… 우리다
반전反轉의 묘미
내가 담배를 끊은 이유
갈대밭의 들고양이
황제의 방
해인海印의 달

하오의 고독

모든 일과가 끝나버린 토요일 오후, 사무실 문은 전부 잠기고 그렇게 벅적거리던 회사 로비마저 한두 사람만이 앉아 있는 그런, 도심 전체가 텅 빈 것 같은 그런 토요일 오후. 그대 혼자만 있어본 일이 있는가?

방송국 앞 층층계단에 앉아 뜨거운 열기로 모든 사물이 희미하게 아물거리는 여의도 광장을 내려다보면서 나는 정말 혼자라는 것, 고독이라는 것이 얼마나 쓸쓸한 것인가를 알았다. 어디론가 가긴 가야 하는데 그것이 어딘지도 모르겠고, 그 많은 스태프들이 한 사람도 내 곁에 없다는 것이 더욱 사람을 외롭게 한다.

토요일 오후는 늘 〈TV문학관〉을 심의하는 날이었다. 오전까지 종종걸음을 치며 자막을 넣고 음악을 깔아 완성품을 만들면 오후에 심의를 하고 그날 저녁 방송이 나간다. 여기서 무슨 문제가 생기면 그때는 비상이 걸린다. 스태프들이 소집되고 곧바로 수정작업에 들어간다. 그러나 그런 일은 그렇게 흔하게 일어나지는 않는다.

방송용 테이프를 주조정실에 넘기고 텅 비다시피 한 방송국 정문에 서면 너무 막막해진다. 지금까지는 정신을 차릴 수 없이 바빴는데……. 허탈해진다. 힘이 쭉 빠지고 머릿속이 텅 빈다. 땡볕이 내리쬐는 층층계단에 뜨거운 줄도 모르고 넋을 잃고 퍼더앉아 수없이 뜬눈으로 샌 날들을 반추한다. 고작 그 정도밖에 안 되는 것을 붙들고 아등바등한 것을 생각하면 어이없기도 하고, 그렇게 고생했는데도 불구하고 작품을 평가받는 것은 단 두 시간이면 족하다는 것도 사람을 맥빠지게 한다. 방송이 나가면 내가 만든 작품은 광활한 우주 속으로 사라지고 만다. 아니 부서진다. 내 무수한 분신들이 떠도는 하늘을 올려다본다. 눈이 부시다. 이렇게 눈이 부시게 푸른 날은 그리운 사람을 그리워하자고 했거늘……. 술이 고프고 누구라도 옆에 있어 위로라도 받고 싶어진다. 여의도는 혼자 떠도는 섬이다. 적어도 그 시절, 그 시간만은 여의도는 아무 소리도 들리지 않았고 아무것도 눈에 들어오지 않았다. 나의 의식은 진공상태에서 흐느적거리며 부유하는 해면체였다. 작품이 성공했든 실패했든 그 공허한 심정은 거의 대동소이하다. 그러나 그리 좋은 평을 받지 못한 날은 목구멍이 칼칼해지면서 자욱한 안개처럼 끈끈한 우수가 밀려온다. 그런 때는 대개 며칠씩 혼자 떠돌며 술을 마신다. 오래전에 소식을 끊고 지내던 친구에게도 전화를 해 고래고래 소리를 질러가며 술주정을 해대고, 수 년 전에 헤어진 여자가 보고 싶어 가로등 파르르 떨고 있는 옛 골목을 서성거리기도 한다. 때로는 그냥 발길 닿는 대로 훌쩍 떠나는 사람들도 있다. PD라면 누구나 그런 경험을 수없이 하고 산다. 끊임없이 누구가로부터 평가를 받고 살아야 하는 직업의 비애다. 그러나 대개는 그날로 그 허무함을 달랜다.

처음은 포장마차에서 시작한다. 별관 옆 상시常時로 전을 펴놓는 포장마차에 혼자 앉아 날이 어두워질 때까지 일단 닭똥집 같은 것을 안주로 소주를 홀짝거리며 지난至難했던, 잠도 못 잔 한 달 정도의 제작과정을 반추한다. 그래, 그게 아니었는데, 그때 좀 힘이 들더라도 그렇게 찍는 게 아니었는데 하면서 후회하기도 한다. 다시는 그러지 말자. 잃은 것도 있지만 얻은 것도 있다. 힘을 내자고 혼자서 다짐을 하면서 소나기처럼, 폭포처럼 내리꽂히는 햇살은 눈물 나게 좋은데 나는 이를 악물고 땀을 삐질삐질 흘리며 낮술을 마신다. 어둠이 몰려오고 일 나갔던 야외촬영 팀들이 한두 팀씩 들어오면서 포장마차는 시끄러워진다. 일어선다. 초저녁이라서 한산한 카페로 2차를 간다. 거기서 나는 다음 작품을 쓰고 있는 작가에게 전화를 건다. 여의도로 나오라고. 둘이서 다시 술을 마신다. 이번 작품을 경험으로, 아니 실수를 바탕으로 이런 저런 주문을 한다. 때로는 죽이 맞기도 하고 때로는 충돌하기도 한다.

삶 전체가 작품이었던 시절이다.

그래서 둘이 어깨동무를 하고 노래를 부르며 여의도를 휩쓸고 다닌다. 그렇게 그 허무를, 그 허탈을, 그 아쉬움을 달래고 잠재운다. 묘용시妙用時가 되면 물이 흐르고 꽃은 저절로 핀다(水流花開)는 사실을 깨닫기에는 너무 젊었었다. 마음만 크고 높아 발버둥치며 산 세월이었다. 그렇게 먼 여행길에서 돌아와 더러운 속옷을 벗어던지고 목욕을 하고 아주 깊은 잠을 잔다. 아이들은 아버지가 깰까봐 까치발을 하고 집안으로 조심스럽게 돌아다니고 부엌에서는 아내가 찌개를 끓인다.

그런 세월이 한참 흐른 후, 우리들 각자의 삶은 흩어졌다. 누구는 대학 시간강사로, 누구는 프리랜서라는 이름의 백수로, 또 운이 좋은 사람은 여기저기 자리를 얻어 밥벌이를 하고 있지만 드라마에 점령당한 그때의 영혼들은 어디로도 가지 못하고 젊은 시절의 여의도를 어슬렁거린다. 처음에는 가끔씩, 그 다음에는 드문드문, 그리고 그 다음에는 어쩌다 한 번씩 안부를 묻고 그리고 이제는 풍문으로만 소식을 듣는다.

지금도 눈을 감으면 젊은 날 열정으로 지새웠던 그 수많은 밤들이 생각나고 5 · 16광장의 작열하는 태양과 그 뜨거운 열기, 방송국 앞 층층계단 위에서 맞은 토요일 하오의 고독을 잊지 못하고, 밤새워 마신 포장마차의 틈새로 보였던 여의도의 안개 낀 신새벽 등이 생각난다.

어느 봄날

마지막 프로그램의 잔손질을 끝내고 식사를 하면서 반주를 곁들였건만 그냥 집으로 들어갈 수가 없었다. 아파트 입구에 있는 공원에서는 벚꽃이 하염없이 지고 있었다. 나는 편의점에서 캔맥주 두 캔을 사서 꽃나무 아래 앉아 청승스럽게 혼자서 마셨다. 내 생애의 마지막 작품이기에 뿌듯함보다는 가슴속으로 차가운 바람이 지나갔다.

바람이 불 때마다 벚꽃이 눈가루처럼 우수수 떨어진다. 고개를 들어 벚꽃을 본다. 대개의 꽃은 잎이 나고 꽃이 피고 계절이 바뀌면서 꽃봉오리째로 떨어지는데, 벚꽃은 꽃잎 하나하나가 낱낱이 흩어진다. 꽃이 시들면 추해지건만 벚꽃은 피어있을 때보다 그렇게 떨어질 때가 더 처절하고 유장하다. 나 역시 벚꽃이 산산이 부서지고 조각조각 소멸하듯이 그렇게 아름답게 마감하고 싶다는 생각이 들면서, 뜻한 바의 절반도 이루지 못한 채 끊임없이 방황하고 좌절하다 또 한차례 봄은 왔건만 아직도 길 잃은 나그네처럼 이렇게 적막하게 혼자서 술잔을 기울인다고 생각하니 쓸쓸하기 그지없다. 바람은 어찌 그리 무심하게 불고 꽃은 또 왜 그리 쉽게 지는가. 멀리 보이는 남한산성이 달빛을 받아 보랏빛을 띤 채 아련하게 서 있다. 아직은 차가운 때라 인적은 드물고 아파트 창문마다 비친 불빛만 외롭다. 적막한 산속에 앉아있는 것 같다. 바람이 불지 않아도 새가 옮겨 앉을 때마다 우수수 꽃잎이 떨어진다. 멀리서 자동차의 헤드라이트 불빛이 비치더니 술 취한 남자 하나가 택시에서 내린다. 그는 공원으로 들어와 담벼락에 대고 토악질을 한다. 그리고는 연방 "시팔, 시팔." 한다. 오늘 하루의 삶도 그는 참 치사했을 것이다. 그래서 몇몇이 모여 앉아 술 마시고 술상을 치면서 격분했을 것이다. 과장이, 부장이 못할 일을 시켰을 수도 있고 그 자신의 능력이 미치지 못했을 수도 있다. 사람들은 자신은 능력이 있는데 남들이 알아주지 않는 것을 못마땅해 하고, 백 년도 못 살면서도 천 년의 근심을 품는다. 이내 그 남자는 입을 닦고 정신을 수습하고는 "잘 있거라. 나는 간다. 이별의 말도 없이……." 하고는 길고 느리게 가락을 뽑으며 아파트 안으로 들어간다. 그것도 듣기에 따라 가슴이 저려 온다.

마지막 라이트가 꺼졌다. 배우들은 가식의 얼굴을 지우고 맨살을 드러낸다. 덕지덕지 묻은 허식의 때를 벗겨낸 얼굴은 데드마스크처럼 창백하다. 그동안 서로 안고 사랑했던 극중의 연인들은 짐짓 모르는 척 돌아선다. 그들이 웃고 울었던 드라마는 끝이 났다. 수없이 되뇌던 대사들은 그들의 기억 속에서 사라지고 일상의 언어로 환치된다. 서로를 위로하기도 하고 공연히 너스레를 떨기도 하고 누구는 고개를 숙이고 허탈해 한다. 좀 더 잘할 걸, 그때 그 신(scene)은 그렇게 하는 게 아닌데 하며 후회한다.

잘나가는 탤런트 몇몇은 내일 새벽에도 스케줄이 있다며 현장을 떠나고, 이 프로그램 하나에 목을 맸던 인기 없는 탤런트들 몇몇은 남아 아쉬움을 달랜다. 어떤 이는 허기진 듯 술을 퍼마시기도 하고, 또 어떤 이는 술잔을 앞에 두고 한숨만 내쉰다. 모두들 다음 일거리를 걱정하며 이렇게 하루살이처럼 살아야 하는 신세들을 한탄한다. 누구는 술에 취하고 누구는 어정쩡하게 시간을 죽이다 모두들 집으로 돌아가고 난 후, 나는 호주머니에 손을 찌르고 걸음을 옮기려다 문득 방송국 건물을 다시 한 번 쳐다봤다. 새삼스럽다. 가끔 가다 점심 먹으러 오긴 하겠지만 다시는 못 올 것 같은 기분이 든다. 젊은이들의 찧고 까부는 드라마 취향도 아니고 그런 드라마를 만들 자신도 없다. 시대가 바뀌면 문화도 바뀌고 문화가 바뀌면 그걸 만드는 사람들도 바뀌기 마련이다. 조금 전에 연출하던 스튜디오로

다시 들어갔다. 눈에 익은 세트며 조명기구, 카메라들이 새삼 살갑게 느껴진다. 스튜디오를 천천히 되새김질하듯 눈여겨보며 한 바퀴 돌았다. 하나하나가 다 내 손때가 묻은 듯 정겹고 친근하다.

나는 그동안 참으로 열심히 일을 했다. 한 달에 20일 이상을 바깥에서 지냈다. 혹한酷寒에 카메라가 얼어 촬영을 중단한 일도 있고 한여름 태양열에 얼굴이 익어 허물벗기를 수도 없이 되풀이했다. 그 고생을 해도 작품 하나 잘 나가면 그것으로 만족했는데, 세월이 갈수록 허당이라는 생각이 든다. 책처럼 길이 남지도, 영화처럼 인구에 회자되지도 않는다. 잠시 화제가 되긴 하지만 그것으로 끝이다. 비디오나 DVD로 제작되는 방송드라마가 없는 건 아니지만 사람들은 영화처럼 TV드라마를 소장해가며 볼 만한 가치가 있는 거라고는 생각지 않는다. 방송은 방송되는 순간, 컷(cut) 하나, 신(scene) 하나하나가 조각조각 부서져 무한한 우주 속으로 흔적도 없이 사라져 버린다. 그래서 TV드라마에는 클래식이 없다. 어떤 PD는 그 허망을 못 견뎌 방송되는 날 정신이 나가도록 술을 마시기도 하고 또 어떤 이는 포커로 밤을 새운다. 자식을 장사지내는 기분이라고 말하는 이도 있다. 저 우주 속에서 외롭게 떠돌 내 분신들을 생각해 본다. 나 역시 수십 편의 작품을 연출했건만 사람들은 기억하지 못한다. 벚꽃잎 하나하나가 낱낱이 흩어져 소멸하듯 그렇게 흔적도 없이 사라져 버렸다.

이 아파트에는 유별나게 벚꽃과 은행나무가 많다. 벚꽃이 터널을 이루고 있는 입구를 들어서자 나는 마치 꽃의 사열을 받는 듯하다. 머리 위로 마치 함박눈처럼, 축복처럼 그 순백의 순수純粹들이 쉼 없이 꽃비가 되어 내린다. 손을 벌려 꽃잎을 받는다. 길은 눈(雪)이 내린 듯 눈부시게 희다.

입구에 서서 그 광경을 바라본다.

처음부터 있어왔던 풍경이련만 어찌 이리 생소한가? 바쁘게 오가느라 이런 풍경이 눈에 들어오지 않았던 것이리라. 장자莊子가 꿈에서 깨어나서 비로소 장자가 나비가 아니고 장자인 것을 알듯이, 꿈속에 있으면 그게 꿈인 줄 어떻게 알겠으며 중심에서 벗어나야 그 중심이 보이듯 비로소 저 장렬한 낙화가 허무인 걸 알겠다.

하루 종일 놀이에 빠졌다가 이제야 집으로 돌아온 어린아이처럼 막막하기 그지없다. 그동안의 환호와 열광은 부질없는 한 순간의 꿈같고, 허둥대며 산 세월에 대한 허망함에 눈시울이 붉어진다.

다시 이 자리인 것을. 제아무리 발버둥 쳐도 결국은 여기인 것을.

간다간다 그 자리(行行本處)요, 왔다왔다 떠난 그 자리(至至發處)인 것을.

나는 밤이 깊어가는 줄 모르고 그렇게 서 있었다.

슬픈 불꽃놀이

1980년 초 이산가족 찾기 운동이 전국적인 열풍을 일으키기 전 1970년 중반에, 나는 라디오 PD로 일했다. 그때 나는 한 6개월 동안 흘러간 노래를 틀어주는 프로를 맡은 바 있었다. 그런 유의 프로는 모든 PD들이 시큰둥하게 생각하는 프로 중의 하나였다. 최신 유행곡을 틀어주는 프로를 맡은 PD들에게는 매니저들이 뻔질나게 드나들며 눈이라도 맞추려고 애쓰는데, 죽은 배호가 커피 뽑아들고 찾아올 리도 없고 김정구 선생이 판 틀어달라고 찾아올 리 만무한 만큼 심심하기 짝이 없는 프로였다. 나는 그런 프로에 활기를 불어넣으려고 신청곡과 사연을 받는 색다른 시도를 했다. 레퍼토리가 한정돼 있긴 하지만 그런대로 엽서도 오고 사연도 날아왔다. 어느 날, 6 · 25 때 헤어진 여동생을 찾는다는 엽서가 왔다. 우리는 그냥 의례적으로 사연을 읽어주고 희망곡을 틀어주었다. 그런데 여동생이라고 자처하는 여자에게서 전화가 왔다.

우리는 남자를 불러 스튜디오에서 대기시켜 놓고 나중에 온 여자를 스튜디오로 들여보냈다. 여자는 약간 절면서 스튜디오에 들어와서 남자를 뚫어지게 쳐다봤다. 엉거주춤 서 있던 남자도 여자를 한동안 쳐다보더니 갑자기 여자의 등 뒤로 돌아가 원피스 자락을 들어올렸다. 놀란 여자가 엉거주춤 돌면서 원피스 자락을 움켜잡았다. 그 순간 그녀의 오른쪽다리 오금에 상처 같은 것이 보였다. 남자의 입에서 황소 같은 울음이 터져 나오는 것과 동시에 와락 여자를 끌어안았다.

"희야, 희야구나!"

"오빠, 맞아! 응, 우리 오빠 맞아!" 여자가 울부짖었다.

"그래, 그래, 희야. 내가……내가, 니 오빠다!" 여자가 무너졌다. 둘은 스튜디오 바닥에 주저앉아 부둥켜안았다.

"왜! 안 왔어? 왜! 그때 다시 온다고 했잖아!" 여자는 오빠의 가슴을 주먹으로 치면서 통곡을 했다. 원망과 서러움에 복받친 울음은 거의 비명에 가까웠다.

6 · 25 와중에서 남매는 엄마를 잃었다. 어딘지는 모르지만 엄마는 피를 흘리며 숨을 몰아쉬고 있었고 남매는 엄마를 흔들며 울었다. 엄마가 그랬다.

"너희 둘은 절대로 손을 놓지 마라. 헤어지면 안 된다. 이 넓은 세상에 떨어지면 못 산다. 외로워서도 못 산다. 둘이 손

꼭 잡고 살아라. 철아! 동생 먼저 챙겨라. 어서, 어서 가거라. 어서! 저 멀리 도망가거라. 빨리 가거라! 어서!"

엄마는 이미 말이 없었다. 둘은 정처 없이 떠밀려 오다가 동생은 오른쪽 다리에 유탄을 맞았다. 피 흘리며 아프다고 비명을 지르는 어린 동생을 힘겹게 들쳐 업고 근근이 강원도 고성 근방 어느 집에 정착을 했다.

다리 상처가 나은 얼마 후 오빠는 그 집에 남고 동생은 또 다른 집으로 보내졌다.

울며 떨어지지 않으려고 발버둥쳐봤지만 어린 그들의 힘으로는 불가항력이었다. 그해 가을, 오빠가 살던 집에 잔치가 있었다. 자기 몫으로 먹으라고 나온 떡을 한 입 베어 먹다 오빠는 목이 멨다. 어린 동생을 두고 도저히 혼자 먹을 수가 없었다. 목구멍으로 올라오는 군침을 간신히 참으면서 떡을 소중히 싸들고 한 나절을 걸어 동생이 살러 간 집을 찾아갔다.

동생은 우물가에서 물을 긷고 있었다. 오금의 상처 때문에 절뚝거리며 물동이의 물을 반이나 흘리면서 얼마나 길러 다녔는지 정수리의 머리는 듬성듬성 빠져 있었고 얼굴은 새까맣게 그을어 차마 볼 수가 없었다. 예쁘고 귀엽던 일곱 살의 여리고 여리던 동생의 모습은 어디에도 찾을 수가 없었다. 오빠 역시 10살의 어린 나이였지만 그런 동생이 너무 불쌍해 부둥켜안고 한참을 울었다. 더위에 이미 반이나 쉬어버린 떡을 울먹거리며 동생에게 먹이며 또 올 거라고 했다.

1·4후퇴가 시작되면서 오빠는 동생을 찾으려 살던 집을 떠났다. 동시에 동생도 오빠를 찾으러 오면서 수많은 피난민 속에서 길이 엇갈려 버렸다. 그리고 30여 년이 흘렀다. 오빠가 물었다.

"그동안 어떻게 살았니?" 오빠는 그런대로 괜찮아 보였지만 여동생은 여자라고 하기에는 팔뚝은 남자의 그것처럼 굵었고, 얼굴은 햇빛에 그을어 검붉었다. 몸 전체에 노동의 피로가 덕지덕지 앉아 있었다. 동생이 그랬다.

"나는 오빠가 날 버린 줄 알았다. 많이 원망했다."

"내가 너를 어떻게……, 어떻게 잊을 수 있겠니? 너를 찾으려고 고성 근처를 수도 없이 갔다."

"그랬구나? ……. 그랬구나." 동생은 흐느끼며 눈물만 흘렸다.

"어머니 말을 잊을 수 없다. 무슨 일이 있더라도 동생 먼저 챙기라고 한 어머니의 마지막 말을…." 하며 오빠도 말을 맺질 못했다.

"어느 다리 밑에서 내가 배고프다고 우니까, 오빠가 어디서 주먹밥 한 덩이를 얻어와 주기에, 나 혼자 허겁지겁 다 먹었던 기억이 나. 지금 생각하면……. 오빠도, 오빠도 배가 많이 고팠을 텐데……. 그때 오빠의 무릎을 베고 누워 하늘에 수도 없이 터지는 불꽃이 참 아름답다고 생각하면서 잠이 들었어. 지금이 그때의 안락한 기분 그대로야. 오빠가 옆에 있어서 너무 편안하고 행복해."

우리는 흔히들 운명이라고 말하지만 만약 그들 인생에서 그런 재난이 없었다면 그들은 귀한 아들, 딸로 자라 남부럽지 않은 삶을 살았을 것이다. 그 지난至難한 세월을 다시 되돌릴 수 없기에 그들의 설움은 더욱 깊을 수밖에 없었으리라.

그들 남매는 서로 부둥켜안고 떨어질 줄 몰랐다. 나도 울었고 엔지니어도 울었다. 그들의 그 한 많은 삶을, 그 설움을 누군들 세세히 알 수 있겠느냐만 이제부터라도 서로 보듬고 위로하며 행복하게 살았으면 좋겠다는 생각을 했다. 그러나 그들 이산가족들 대부분은 살아온 생의 이질성으로 하여 행복하지 못하다는 후문도 들렸다.

* 이 글은 2010년 2월 4일자 조선일보 '에세이'란에 〈내 인생을 바꾼 남매〉라는 제목으로 실렸던 글이다.

사라지는 것은 시간이 아니다…… 우리다

요즘도 나는 수시로 발 앞꿈치의 굳은살을 면도날로 베어낸다. 이렇게 안 하면 발바닥이 아프다. 함께 일하는 연출진이라고는 달랑 연출, 조연출 둘뿐이었던 시절, 조연출은 잡부雜夫나 마찬가지였다. 현장 정리에서부터 엑스트라 운영, 여관 잡기, 식사 조달에 이르기까지 모든 것이 조연출의 몫이었고 현장에서 사고가 나도, 동네 깡패들이 촬영을 방해해도 조연출이 처리해야 했다. 추운 겨울날에는 연기자 부르러 다니는 게 일이었다. 연기자들 대부분이 버스 속에서 자기 차례를 기다린다. 밤새도록 촬영 현장과 버스 사이를 수도 없이 뛰어다녀야 했다. 또 스튜디오 녹화날엔 운동화 끈을 바짝 조여매고 스튜디오 구석구석을 미친 개 뛰듯 돌아다녀야만 녹화가 제대로 진행되었다.

조연출은 연기자들에게도 만만한 존재였다. NG가 나면 무조건 조연출이 큐를 잘못 주어서 그랬다고 둘러댄다. 일반적으로 카메라에 '온 에어' 불이 들어오면 노련한 연기자들은 조연출의 큐가 없어도 스스로 알아서 연기를 하지만 그렇지 못한 연기자들은 꼭 조연출의 지시에만 의존한다. 요즘은 FM라디오 주파수를 이용해 서로 교신하지만 당시엔 카메라에 헤드폰을 끼워 지시를 받았다. 한데 카메라가 3대나 되다 보니 이걸 단번에 빼고 끼우는 일이 보통일이 아니다. 조심하지 않으면 카메라가 흔들려 NG가 나고 큐 주는 시간을 놓쳐 또 NG가 난다. 그러면 연출자에게 혼이 난다. 이런저런 수모를 견디며 녹화가 끝나고 나면 운동화에 땀이 흥건히 고여 철벅거릴 정도였다. 그 짓을 한 3년 하고 나니 발바닥에 감각이 없어지면서 굳은살이 생겼다. 그렇게 어렵게, 어렵게 조연출 생활을 청산하고 연출로 데뷔하고도 나의 여정은 더욱 고달파졌다. 연출이란 직업은 끊임없이 경쟁을 해야 하는 직업이다. 10년 경력의 연출자나 이제 막 데뷔하는 연출자나 똑같은 입장에서 경쟁한다. 누가 연륜이 많으냐가 아니라 누가 더 잘 만드느냐의 문제다. 방송 후 평가가 좋지 않거나 앞선 프로보다 못하다는 평가가 나오면 죽을 맛이다. 곧바로 만회해야지, 이런 현상이 몇 번 되풀이되면 삼류가 되고 만다. 나 역시 데뷔 3년 만에 위기를 맞았다. 능력에도 부쳤고 내 취향도 아닌 드라마 연출을 맡았다가 보기 좋게 실패했다. 그 후 나는 내가 잘할 수 있는 아이템만을 고집했다. 그 대신 반드시 성공시켜야 하는 부담도 있었다. 나는 촬영과 편집, 그리고 장소 헌팅으로 한 달에 20일 이상을 바깥에서 보냈다. 그런 열정으로도 늘 아슬아슬했다. 고민이 깊어갔다. 그러던 중 나와 콤비를 이루던 작가 한 사람이 갑자기 집필을 포기하고 미국으로 공부하러 떠났다. 아! 그런 길이 있었구나. 목이 말라왔다. NYU 같은 대학에서 정통 연출이 어떤 것인가를 배우고 싶었다. 그러나 그건 쉬운 일이 아니었다. 가진 것 없이 월세방에서 시작한 우리들이었다. 내가 없으면 아내와 아이들의 생계는 막연해진다. 나는 방황했다. 어느 날 술이 취해 들어왔는데 아내와 아이들이 마루에서 나를 기다리다 지쳐 잠들어 있었다. 아이들을 물끄러미 내려다보았다.

> 아랫목에 모인/ 아홉 마리의 강아지 같은 것들아/ 굴욕과 굶주림과 추운 길을 걸어/ 내가 왔다/ 아버지가 왔다

박목월의 시를 낮게 웅얼거리며 나는 자는 아이들을 껴안았다. 홀어미 밑에서 보낸 불우했던 성장기가 겹쳐왔다. 그날 나는 한 숨도 자지 못했다. 내 꿈을 키워주지 못한 내 가족들을 내가 원망하듯이 저 아이들도 종국에는 나를 원망할 것이다. 그날 나는 밝아오는 새벽을 울면서 맞았다. 내가 저 아이들의 꿈을 지켜 주어야 한다고, 더 이상 나의 전철을 밟도록 해서는

안 된다는 결론을 내렸지만 허망함에 며칠을 두고 심한 몸살을 앓았다.

그 대신 나는 나만의 연출 패턴을 고집스럽게 지켜왔다. 처음에는 예술하고 있네, 어쩌고 하면서 비웃더니 시간이 지나면서 그런 나의 연출 세계를 인정하는 추세로 돌아섰고, 자리가 잡히면서 하는 프로마다 평균 이상의 평가를 받아 중견 연출자로서 면모를 갖추어갔다. 그러나 매 프로마다 남들과의 경쟁에서 이겨야만 살아남을 수 있는 직업으로 인해 나는 평생 위궤양에 시달렸다. 아이들의 추억에는 아버지가 없다. 생애에 딱 두 번, 바닷가를 찾았던 일이 유일하다. 대신 아이들은 깊은 밤, 책상 앞에서 무언가 열심히 일하던 아버지의 모습을 되살리곤 한다. 집에 와서도 나는 콘티(연출 플랜) 짜는 일로 날밤을 새우곤 했기 때문이다. 그런 아버지를 반면교사로 우리 아이들은 지금 열심히 살아가고 있다.

그렇게 30여 년을 보내고 나니 내 발바닥의 굳은살은 바위처럼 단단해졌다.

굳은살은 젊은 날, 땀의 상징이고 인생의 옹이다. 한 해의 마지막 볕 좋은 날, 마루에 나앉아 한가롭게 면돗날로 굳은살을 베어낸다. 살 한 점, 한 점이 떨어져 나갈 때마다 지난날의 기억들이 하나씩 떠오르고 사라진다. 삶이, 기억이 그렇듯 이 옹이도 언젠가는 엷어지고 사라질 것이다.

평생을 무엇을 그리 찾아 헤맸기에 이렇게 두텁게 옹이가 앉은 걸까. 지금은 바삐 돌아다닐 일도, 누가 숨 가쁘게 찾는 일도 없다. 굳은살이 점점 얇아지는 발을 어루만지며 하늘을 올려다본다. 쨍하게 차갑고 높아 보였다. 사라지는 것은 시간이 아닐 것이다……. 우리들일 것이다.

* 이 글은 2009년 12월 31일 조선일보 '일사일언'에 망년의 소감을 편 5매짜리의 짧은 글이었으나 첨삭하여 재구성하였다.

반전反轉의 묘미

서슬 퍼런 시절이었다. 사장은 마음에 들지 않으면 쉰이 넘은 국장의 뺨을 갈겨댔고 엉겁결에 당한 국장은 당황하여 출입문을 열고 나간다는 것이 사장실 화장실 문이나 캐비닛 문을 열고 들어가는 등 웃지 못할 상황들이 매일 벌어졌다. 또 어떤 국장은 직원들 앞에서 '새 대가리'라는 모멸적인 욕을 얻어먹기도 했다. 나 역시 고문 장면이 있는 드라마의 일부 장면을 삭제하라는 명령을 받고도 불응하자 당시 실세였던 사장 보좌관이 "당신은 몸이 약해서 고문을 못 받을 텐데……." 하면서 내 가느다란 손목을 끌어다 실제로 비틀어 보이기까지 했다.

중요 프로그램은 사장이 직접 모니터를 했고 그 프로그램이 마음에 들지 않으면 해당 간부에게 육두문자를 써가며 심하게 윽박질렀다. 공정하게 프로그램을 심의해야 할 심의위원들조차도 사장이 그 프로에 대해 무슨 말을 했는지 귀를 세우고 사장의 의견이 사내社內에 돈 후에 사장 입맛에 맞게 적당히 얼버무렸다. 모두가 모멸감을 안고 산 시대였다. 사장의 말은 곧 법이었고 그 사장을 보좌하는 보좌관은 여당 쪽에서 내려온 사람인데 그의 결재 없이는 어떤 프로그램도 제작할 수가 없었다.

그 서슬 퍼런 시절에 나는 이청준의 소설 〈소문의 벽〉을 각색·방영하기로 마음을 먹었다. 소설의 내용을 다 알지 못하는 일선 간부들은 내 말만 믿고 결재를 했다. 그러다 윗선으로 결재가 올라가면서 문제가 불거지기 시작했다. 우려 반, 압력 반으로 제작을 취소하는 게 어떠냐는 충고가 들어오고 만나는 사람마다 근심스러운 눈으로 나를 쳐다봤다. 나는 사장 보좌관 결재가 나지 않으면 제작을 하지 않을 작정이었는데 일이 잘되려고 그랬는지 보좌관은 내 시놉시스(synopsis)를 대충대충 훑어보고는 "자신 있어요?" 하고 묻는다. 통상적으로 이럴 때 우물쭈물하면 안 된다. 안 될 때 안 되더라도 일단 제작은 해야 하니까 자신 있게 신념에 차서 대답해야 한다.

나 역시 예외가 아니었다. 이틀 후 결재가 났다. 나는 한편 안도가 되면서도 한편으로 불안했다. 날카롭기로 소문 난 보좌관이 무슨 의도로 결재해 주었는지, 다른 의도는 없는 건지 나는 보좌관을 찾아가 연출에 자문을 구하겠다며 그의 의중을 떠 봤다. "조심해서 잘 해 보세요."가 마지막 말이었다. 제작국에서는 난리가 났다. 무슨 배짱으로 그러느냐고 다들 걱정을 해 주었다.

이틀 날 나는 원작자 이청준 선생을 만났다. 그는 고개를 갸우뚱하면서 “그 참…… KBS가 이런 작품을 하다니…….” 하면서도 끝내는 “그거 어려울 겁니다.” 하며 회의적인 반응을 보였다. 나는 어떡하든 해보겠다고 우겨 원작 승인을 받아냈다. 각색자의 우려는 더했다. 나는 우선 6 · 25의 비극을 기둥 줄거리로 부각시키면서 원작의 주제를 슬쩍슬쩍 집어넣는 방법으로 전체를 구성하고 드라마의 기조를 재미있는 미스터리로 끌고 가는 것이 어떠냐고 각색자에게 제안을 했다. 며칠을 꼼꼼하게 원작을 검토하던 각색자도 그럼 “우리 모험 한 번 해봅시다.” 하면서 나의 의견에 동의를 했다.

아는 분은 아시겠지만 이 소설은 밤낮으로 적이 바뀌는 6 · 25 당시, 밤중에 방문을 박차고 들어와 “너는 누구 편이냐.” 라고 묻는다. 강력한 플래시 불빛으로 인해 상대가 적인지 아군인지 구별이 안 된다. 오로지 불빛만 있다. 그 불빛은 공포 그 자체다. 아니 거부할 수 없는 권력의 상징이기도 하다. 이러한 야만의 시대를 살아남은 한 소설가가 어느 날 정보기관에 끌려가 강력한 불빛으로 잠을 재우지 않는 고문을 받고 정신착란을 일으키고 끝내는 정신병원에 갇히고 만다는 내용이다.

촬영은 별 탈 없이 진행되었고 편집까지 끝내 놓고 보니 제법 완성도 높은 한 편의 드라마로 평가 받기에는 충분해 보였다. 방송 전 금요일, 드디어 심판의 날(?)이 왔다. 사장실에게 모든 간부들을 모아놓고 심의를 하는 날이 온 것이다.

14인치 TV가 보편적이었던 시절에 어디서 그런 큰 TV를 구해 왔는지 영화 화면만 한 TV를 놓고 사장이 정중앙에 앉고 좌우로 20여 명의 간부들이 쭉 앉아 완성된 작품을 보고 평가하는 것이다. 연출자도 예외 없이 말석에 끼여 앉는데 드라마 내용보다는 사장이 어떤 반응을 보일까가 더 관심사이기 때문에 간부들은 수시로 사장의 표정을 훔쳐보는 것이 일이었다. 사장이 웃으면 같이 따라 웃고 사장이 혀를 차면 여기저기서 동조하는 수군거림이 나왔다.

여기에서 사소한 잘못, 예를 들어 극중에 나오는 밥상 반찬이 가짜 즉 플라스틱으로 만든 모조라든지, 컬러가 스킨 톤에 미치지 못한다든지 하면 해당 국장은 그 자리에서 박살이 난다. 해당 간부들은 초긴장 상태다. 그날도 예외는 아니다. 사장은 시종 굳은 표정으로 드라마 한 편을 다 보고도 얼굴을 풀지 않고 검다 쓰다 말이 없었다. 장내는 물을 끼얹은 듯 조용했다. 나는 속으로 '끝났구나. 불방이구나.' 라고 생각하고 호되게 야단맞을 준비를 하고 있었다.

사장이 입을 열었다.

"자! 말해 보세요." 아무도 입을 여는 사람이 없었다. 그러자 사장은 실내를 한 번 둘러보고는 "보좌관은 어떻게 생각하시오?" 하고 사장 보좌관에게 첫 질문을 던졌다. 보좌관은 심호

흡을 한 번 하더니 "이 드라마는 방송 내보낼 수 없습니다."라고 짧게 한마디 던졌다. 그러자 잠잠하던 실내가 가볍게 동요하면서 제작이사制作理事가 그에게 동조하는 듯 고개를 끄떡거렸고 뒤이어 너도 나도 거기에 동조하는 웅성거림이 낮고 조심성 있게 번져나갔다. 그러자 보좌관은 특히 라스트 신에서 주인공이 정신병원의 기나긴 복도를 걸어 감옥의 상징 같은 병실로 들어가고 육중한 철문이 닫히는 장면은 아무리 생각해도 체제 도전적이고 의미심장하다고 덧붙였다. 그리고 주인공이 국가기관에 끌려가 고문을 당하고 정신이상을 일으켰다는 내용은 분명 시사하는 바가 크다는 것이다. 누구도 거기에 이의를 달 사람은 없어 보였다. 생각하기에 따라서는 불방으로 끝날 사항이 아닐 수도 있었다. 투사도 아니면서 쓸데없는 객기를 부렸다는 후회가 밀려왔다. 사장은 고개를 숙이고 한참을 생각을 하더니 입을 열었다.

"나는 그렇게 보지 않습니다." 모두들 사장을 쳐다봤다. 고개를 숙이고 질책을 받을 준비를 하던 나는 갑자기 가슴이 뛰기 시작했다. 사장을 쳐다봤다.

"나는 주인공이 병실에 갇히고 육중한 철문이 닫히는 라스트의 장면에서 이제 우리는 6·25의 상처를 영원히 마음속으로 추방하고 그 어두운 기억을 저 철문의 안쪽으로 가두어 버리자는 의미로 보입니다."

아무도 입을 열지 않았다. 보좌관은 날카로운 눈으로 주위를 훑어보며 간부들의 기를 죽인 다음 사장을 향해 입을 열었다.

"그건 지나친 관대한 해석입니다. 이건 분명 의도가 있는 작품입니다."

"이봐! 자네는 만사를 어떻게 그렇게만 해석하나? 의미 뒤에 숨은 의미를 찾아야지. 안 그런가. 장 형!?"

나는 누구보고 그런가 싶어 두리번거렸다. 장 씨는 아무도 없었다. 쉰이 넘은 국장을 보고 '이 새끼 저 새끼' 하는 사장이 이제 30대 후반의 병아리 PD를 보고 장 형이라니! 나는 깜짝 놀라 반쯤 엉덩이를 들고 일어났다.

"그렇지 않은가?" 다시 한 번 사장이 나를 보고 물었다. 나는 엉겁결에 대답을 했다.

"네." 그러자 사장은 "당신들은 죽었다 깨나도 PD는 못할 위인들이야." 하고는 자리를 털고 일어나는 것이었다.

반전이었다. 기막힌 반전이었다. 나는 마치 지옥에서 빠져나온 기분이었다.

나는 그날 사장과 단둘이서 점심을 먹었다. 방송 후 나는 이청준 선생으로부터도 점심을 얻어먹었다.

내가 담배를 끊은 이유

금년 들어 담뱃값이 많이 올라 애연가들이 경제적 손실을 감당하고서라도 지조(?)를 지켜야 옳은가, 아니면 끊어야 하는가를 심각하고 고민들 하고 있다고 한다. 사실 담배는 어찌 보면 백해무익이다. 자신의 건강뿐만 아니라, 주위 사람의 건강까지 해치니 말이다. 그걸 알면서도 못 끊는 이유는 오랜 세월의 습관 때문일 수도 있고, 그것으로 인한 중독일 수도 있다. 내가 한창 일할 때는 담배를 하루에 세 갑 정도, 커피는 20잔 정도 마셨다. 우리 일의 특성상 그렇게 할 수밖에 없는 이유가 있다. 하루 종일 바깥에서 종종 걸음을 치며 일을 해야 하는 우리 일은 사실 막노동에 가깝다. 단지 감독하고 지휘하는 것이라는 것이 막노동과는 다르다면 다를 뿐이다.

NG(No Good)가 한번 나면 반드시 담배를 하나 붙여 문다.

배우가 낼 수도 있고, 카메라감독이 낼 수도 있고, 조명감독이 낼 수도 있고 구경꾼들이 낼 수도 있다. 물론 감독이 마음에 들지 않아 낼 수도 있다. 이렇게 한번 NG를 내고 다시 '레디 고(Ready Go)를 부르기까지는 보통 10여 분 이상이 걸린다. 카메라 위치를 다시 정하고, 배우의 연기를 다시 한 번 강조하고, 주위를 정비하고 하면 그렇다. 이 시간에 감독은 '반드시 '라고 할 만큼 담배를 피워 문다. 해는 넘어가고 찍을 분량은 많은데 자꾸 NG가 나면 초초해지고 초조해지면 줄담배를 피워댄다.

내게 KBS 대하드라마 연출 지시가 내려왔을 때 나는 연출로 데뷔한 지 3년밖에 되지 않은 거의 햇병아리 수준의 연출자였다. 위에서 무슨 배짱으로 그런 모험을 하는지 알 수 없었지만 나는 겁도 나고 자신도 없었기에 손사래를 치며 한 달 이상을 도망다녔다. 그러나 위의 지시는 확고했다. 그러면서 위에서 작가는 물론이고 주요 배우까지 지정되어 내려왔다. 작가도 내 취향이 아니었고 배우도 당시에는 트로이카 중의 하나인 인기배우였지만 내 생각과는 거리가 멀었다. 그렇게 밀고 당기다 결국은 할 수밖에 없었다. 네다섯 번 정도 수정에 수정을 거듭해 나온 첫 대본조차도 마음에 들질 않았다. 첫 방송까지는 어느 정도 시간이 있었기에 내가 직접 대본 수정을 시도했다. 첫 작품부터 작가의 대본과 연출의 대본이 서로 이가 맞질 않았던 것이다. 이런 악순환은 계속되었고 자존심이 상한 작가는 나와의 연락을 끊고 자기 취향의 원고만 넘겨주었다. 나는 연출이 끝난 그날 밤부터 밤새워 작가의 대본을 고치면서 동시에 콘티도 짰다. 고민이 깊어갔고 꽁초도 쌓여갔다. 4~5갑으로 늘어났다. 그리고 하루에 2~3시간밖에 자질 못해 눈은 늘 벌겋게 충혈되어 있었다. 그렇게 6개월을 버텼다. 체중이 45kg까지 떨어지면서 나는 쓰러졌다.

나는 병원에 입원했고 연출이 바뀌었다. 대타로 들어온 연출자는 작가가 써준 대로 연출을 했다. 그러나 크레디트 타이틀에 '연출'은 여전히 내 이름으로 나갔다. 나는 부끄러웠다. 대타 연출자는 나는 단지 당신 대신으로 하는 일이지, 나의 일은 아니라는 입장이었다. 그러나 내 병은 심각했다. 위胃에서 십이지장까지 전부 헐어 있었다. 1년 이상 요양이 요구된다는 진단이 나왔다. 의사는 나에게 심각하게 경고했다. 술·담배를 끊지 못하면 당신은 1년을 넘기지 못할 거라고. 그러나 나는 그것보다 내 이름으로 나가는 대하드라마가 그렇게 부끄러울 수가 없었다. 빨리 일어나 대하드라마 연출을 맡아 내 이름을 부끄럽게 하지 말아야 한다는 생각밖에 없었다.

그러던 어느 날 자식들이 면회를 왔다. 딸아이는 한 발 떨어져 심각하게 나를 바라다보고, 심한 개구쟁이였던 6살배기 막내아들 녀석은 얼굴에 장난기가 싹 빠진 얼굴로 "아빠, 많이 아파?" 하는데 이미 울상이었다. 나는 기특해서 웃으며 괜찮다고 고개를 끄덕여 주고 머리를 쓰다듬어 주었는데 잠시 후 곧 심각해졌다 '아이들이 있구나. 나 혼자가 아니구나.' 그러면서 문뜩 '죽어서는 안 된다. 이 아이들을 내가 지켜야 한다.' 하는 각성이 왔다.

아들녀석이 아버지의 건강을 걱정해주던 그 또래에 나는 아버지를 잃고 댓돌 밑의 잡초처럼 자랐다. 아버지 없는 자식들의 삶이 어떠하다는 것을 나는 너무나 뼈저리게 느끼고 있었다. 그날 저녁 나는 창 너머 저쪽 등성이로 넘어가는 해를 우두커니 바라보는데 느닷없이 눈물이 나왔다. 내 인생은 비록 그렇게 험난했을지언정 내 자식들에게만은 그런 슬픔과 고통을 주어서는 안 되지 않는가? '그래, 일어나자. 이번 드라마는 그냥 포기하자. 그리고 다시 시작해보자.' 사실 나는 그때까지도 담배를 못 끊고 의사 몰래 피웠다. 의사도 이를 눈치채고 면회객이 가고 난 후 바로 병실에 들어와 서랍을 뒤져 담배를 몰수해 가곤 했다. 이튿날부터 나는 사탕을 사 놓고 먹으면서 담배를 끊었다.

1년여 요양 끝에 나는 다시 복귀했다. 그 이후는 나는 연속극 같은, 내 의지로 어찌할 수 없는 프로그램은 하지 않기로 결심을 했다. 다시 말해 어쩔 수 없이 작가에게 끌려가는 드라마는 하지 않기로 한 것이다. 그래서 나는 〈TV문학관〉으로 성공한 연출자가 되었다. 그런 혹독한 시련을 겪으면서 나는 담배를 끊었다.

아들은 가끔 핼쑥한 얼굴로 침대에 누워있는 아버지를 기억

한다고, 당시의 철없던 어린 나이에도 불구하고 막연하게 다가오는 불안과 나름대로의 막막함을 말하곤 한다. 나 역시, 노란 바탕에 까만 줄무늬 티셔츠를 입고 나를 걱정스럽게 내려다보던 아들의 얼굴이 생각난다.

그 이후로 나는 담배는 물론 커피도 끊었다. 그러나 인생사가 평탄치 않아서인지 술만은 끊지 못했다. 이제는 살 만큼 살았으니까 술마저 끊어가면서 기어이 더 살아야 할 이유 또한 없는 듯하다.

갈대밭의 들고양이

나는 러시아가 보고 싶었다. 카추샤가 하나의 점처럼 걸어갔을 끝없는 설원이 보고 싶었고, 활활 타는 페치카 앞에서 독한 보드카에 취하고 싶었다. 저물어 가는 태양이 쏟아내는 빛줄기로 어스름 지는 백야의 슬픈 하늘도 보고 싶었고, 도스토옙스키, 톨스토이, 푸시킨의 생가나 동상 앞에서 그들의 문학을 기억하고 싶었다. 폭설이 쏟아지는 모스크바 거리를 지바고처럼 호주머니에 손을 넣고 어슬렁거리고도 싶었다.

그러나 당시는 갈 수 있는 나라가 아니었다. 베를린 장벽이 무너진 것은 1989년이었으니까. 88년에는 소련과는 국교가 없었다. 그때 아나톨리 김이라는 한국계 소련 작가의 작품 ≪갈대밭의 들고양이≫라는 소설이 국내에 소개되었다. 이 소설은 스탈린 시절 사할린에서 중앙아시아로 강제 이주 당한 고려인들의 삶과 고난을 그린 소설이었다. 당시 나는 전작 〈사로잡힌 영혼〉의 성공에 고무되어 무언가 작품성 있는 대작을 찾고 있고 있던 중이었기에 안달이 났다. 출판사에 연락을 하고 그 작품이 번역된 배경과 경로를 문의했다. 그때 사회 분위기도 올림픽을 성공적으로 치르고 난 후라 국민 모두가 한껏 높아진 국격國格에 가슴 뿌듯해하며 이제 우리도 무언가 의미 있고 무게 있는, 국제적으로 주목받을 만한 작품을 갈망하고 있는 그런 분위기이였다. 따라서 미수교국 소련을 배경으로 드라마를 제작한다는 것은 성사만 된다면 굉장한 반응을 불러일으킬 수 있는 대형 프로젝트였다.

일본을 통해서 들어가는 방법이 있었다. 우여곡절이 있었지만 우리는 어쨌든 일본을 거쳐 사할린으로 들어갔다. 하바로스크 공항에는 KGB 요원이 우리를 맞아주었다. 12월 초순 그곳은 이미 백색이었다. 시도 때도 없이 눈발이 휘날렸고, 한번 내리면 눈을 뜰 수 없을 만큼 퍼부었다. 우리는 그들이 지정해주는 식당, 그들이 예약한 호텔에서 잤지만 추워서 제대로 잠을 잘 수도 없었고, 빵은 딱딱해 잘 씹히지 않았다. 그런 와중에서도 우리는 부지런히 사할린 동포들의 생활과 그들의 삶을 취재했고, 며칠 후 우리는 모스코바행 비행기에 몸을 실었다. 영원히 못 가볼 것 같았던 나라, 소련, 모스코바, 붉은 광장 등등 나는 가슴이 벅찼다.

우리를 통역하고 안내해준 사람은 박 와짐이라는 모스코바

대학교수였다. 그를 통해 우리는 쉽사리 아나톨리 김과 접촉할 수는 있었지만 만남은 쉽게 이루어지지 않았다. 우리는 서두르지 않았고 그동안 다소 느긋하게 모스크바 거리를 관광했다. 두터운 외투를 입고 어두운 얼굴들을 한 사람들이 볼쇼이 발레를 보기 위해 매섭게 휘날리는 눈보라를 맞으면서 100미터씩 유령처럼 줄을 서 있었다. 치약 하나, 빵 한 조각을 사기 위해도 그들은 여러 겹의 꾸불꾸불 줄을 섰지만 몇 개 안 되는 물건이 금세 동이 나도 그걸로 불평하거나 부끄럽게 여기질 않았다. 그러면서도 그들은 밤이 되면 모스크바 필의 연주를 감상하러 낡은 코트를 걸치고 극장 앞에 다시 줄을 섰다. 그들은 가난했지만 문화에 대한 긍지는 대단해 보였다. 도스토옙스키가 시베리아 벌판 끝자락에서 추위와 굶주림에도 끝내 희망을 버리지 않았듯이 오늘을 사는 그들 역시 그러한 듯했다.

우리는 KGB 요원에게 사이드 머니를 주고 비공식적으로 소련의 저항 문화인들이 펼치는 공연을 관람했다. 꽤 비싼 입장료이었는데도 불구하고 좌석은 빈자리가 없을 정도로 꽉 찼고 실내는 뜨거운 열기로 후끈거렸다. 스탈린 시대의 저항 가수라고 소개된 한 여가수는 눈물을 글썽거리며 노래를 했고 관객들은 10여 분 동안 기립박수를 쳤다. 혁명과 배반, 그리고 무자비한 숙청이 교차한 역사였지만 예술은 이렇게 면면히 이어지고 있었다.

그러던 어느 눈 오는 저녁, 아니 저녁이 아니라 깊은 밤이었다. 연락이 왔다. 우리는 모스크바 근교 술집에서 아나톨리 김을 만났다. 콧수염이 근사한 그는 어눌한 우리말이었지만 그런대로 의사소통이 가능했다. 그는 연신 보드카를 들이켜면서 문학에 대한 열정을 이야기했고 ≪갈대밭의 들고양이≫에 대한 집필 동기와 에피소드들을 이야기할 때는 페치카에 불빛에 반사되어서인지는 알 수 없지만 그의 눈에 눈물마저 비쳤다. 창밖으로는 쉼 없이 함박눈이 쏟아지는데 뜨거운 페치카 앞에서 보드카를 마시며 문학과 역사를 이야기하는 우리들은 마치 소설 속의 한 장면처럼 낭만적이었다. 우리는 의기투합해 어깨동무를 하고 소리 높여 〈아리랑〉을 불렀다. 밤을 새웠다. 원작의 승인은 무사히 끝났다.

이제 제작이 남았다. 작가에게는 각색 과정이, 나에게는 연출과정이 남았다. 그러나 이 작품은 거의가 소련에서 촬영되어야 했다. 우리는 소련 최대의 촬영소인 모스(moss)필름을 찾아 합작을 논의했고 그들은 당국의 허가만 있으면 비행기든, 기차든 원하는 모든 것을 협조하겠다는 답변을 주었다. 그러나 소련 당국은 드라마극본의 사전 검열 없이는 합작이 있을 수 없다는 입장이었다. 자국에 불리한 내용은 불허한다는 일종의 방어선이었다. 어느 나라든 합작인 경우는 대개가 그러하다. 더구나 스탈린 시대의 강제이주를 배경으로 펼쳐지는 드라마가 소련에 유리할 리가 없다. 우리는 소련의 경제사정이 어려우니 만큼 돈으로 해결할 수 있지 않겠느냐는 희망을 가지고 있었으나 체제에 관한 한 요지부동이었다. 일단 그렇게 약정을 하고 귀국했다.

그러나 당시 드라마 담당국장은 다음 해 8·15 특집극으로 그 드라마를 편성해 버렸다. 방송까지 약 7개월 남짓한 동안 한국어 대본이 나오고 그 대본을 다시 소련어로 번역해 소련 당국의 승인을 얻고 연출에 관한 제반사항의 협조를 구하기에는 시간이 턱없이 부족했다. 순조롭게 진행되어도 최소 2년, 최대 3년은 걸리는 프로젝트였다. 나는 불가함을 주장했다. 그러나 국장은 자기 임기 동안 실적을 올릴 욕심으로 강하게 밀어붙이면서 부정적인 의견을 가진 연출자인 나를 교체해버렸다. 다시 원점에서 시작되었다. 새로 연출을 맡은 연출자는 다시 소련으로 들어가 아나톨리 김을 만났다. 그는 어리둥절했다. 누가 진실인지 알 수 없다며 내게 편지를 보냈다. 그렇게 급하게 서둘러 진행을 했지만 8·15 특집극으로 방송되지 못했을 뿐만 아니라 제작 자체를 영영 하지 못하고 말았다.

나와 아나톨리 김과의 인연은 그렇게 끝났다. 그가 몇 번 한국에 들어오긴 했지만 그는 나를 찾질 않았다. 후임 연출자가 그에게 무슨 말을 어떻게 했는지 알 수는 없었지만 아마 그는 내가 그에게 거짓말을 했거나 사기를 친 것으로 판단한 것 같았다. 그해 나는 그 국장에 의해 근무평점 최하점을 맞고 진급에서 탈락했다.

황제의 방

"아버지에게는 방이 없다. 엄마방도 있고 누나방도 있는데 아버지는 방이 없다. 그래서 마루 소파에서 리모컨을 쥐고 주무시나 보다."

어느 초등학생의 일기다. 피곤에 절어 TV를 켜 놓은 채 정신없이 곯아떨어진 아버지의 모습이 눈에 선하다. 그렇다. 아버지에게는 방이 없다. 혼자 조용히 앉아 학창시절에 읽었던 시詩 한 편 반추해 볼 공간도, 내가 남보다 못나 보일 때 속 깊은 울음을 울어 낼 빈방 하나 없다. 그래서 아버지는 비 오는 날이나 황혼이 아름다운 날, 혹은 삶이 쓸쓸해질 때 선술집 같은 데서 혼자 앉아 술을 마시는 것일까. 음악 좋은 카페에서 혼자 앉아 커피 한잔을 시켜놓고 멍하니 거리를 내다보는 남자 역시, 혼자 있고 싶은 공간이 없는 남자들이다.

옛날 우리네 집에는 사랑채라는 것이 있었고, 가장은 사랑채에서 공부도 하고 손님도 맞았다. 사랑채에서 나는 기침 소리에 집안의 질서가 잡혀갔던 시절이었다. 그러나 현대에 들어오면서 아예 사랑채란 말 자체가 사라졌다.

나는 일찍 아버지를 여의고 외롭고 고단하게 떠돌았다. 셋방에서 셋방으로 전전하면서 집다운 집, 방다운 방을 가져 본 일이 없었다. 단칸방에서 온 식구가 이불 하나에 발만 뻗고 잤고 밤 10시만 되면 전기가 끊어져 잠이 오질 않아도 다들 잠을 자야 했다. 그것도 일 년에 한 번씩 이사를 다녀야 했다. 같은 연배인데도 주인집 아들에게는 늘 주눅이 드는 비굴한 처신이 몸에 익었다. 그래서인지 나는 집에 대한 애착이 유별나다. 오죽하면 결혼식 때 신혼여행도 안 가고, 들어온 축의금을 다 털어 이제 막 터 파기 공사를 시작하는 집을 계약했을까? 생애 처음으로 내 집을 가졌을 때 문패가 걸린 대문을 쳐다보며 감격해 하던 기억이 아직도 생생하다.

그러나 단독주택은 내 직업과는 맞질 않았다. 늘 바깥으로 떠돌다보니 집을 제때 간수할 수가 없었고 아내 역시, 가장 없는 집을 홀로 지키며 애들 키우기란 여간 불편한 것이 아니었다. 다시 어찌어찌하여 이제 막 개발을 시작한 지금의 동네로 이사 왔을 때 참으로 한심하기 짝이 없었다. 허허벌판에 덩그렇게 아파트만 세워진 동네는 비만 왔다 하면 길이고 뭐고 모두가 진탕으로 차가 다닐 수 없을 정도였고 아이들도 장화를 신고 학교를 다녀야 했다. 그러나 나의 감회는 남달랐다. 아이들에게 각각 방 한 칸을 주고 서재까지 꾸밀 방을 가졌으니……. 집이 있어 본 사람들은 모르리라. 그 감격을. 생애 처음으로 내 방을 가진 그날 저녁, 응접실 큰 창으로 저녁 햇살이 비켜들고 바람은 상쾌했다. 아파트 저편 벌판에서 시작된 바람은 들판을 가로지르면서 은사시 나뭇잎을 허옇게 뒤집었다. 나무에 앉아 한가롭게 해바라기를 하던 참새들이 놀라 하늘로 치솟았다. 평화로웠다. 그때 라디오에서 빌헬름 박하우스(Wilhelm Backhaus)가 연주하는 〈베토벤의 피아노 협주곡 5번 황제〉가 흘러나왔다. 고개를 뒤로 젖히고 천장을 올려다보면서 한동안 그 음악을 들었다. '아! 여기까지 왔구나.' 지나온 날들이 파노라마처럼 스쳐갔다. 조용하면서도 비장한 2악장이 흘러나오자 나는 갑자기 등골이 서늘해지면서 콧등이 시큰해졌다. 표제음악이 주는 감상인지 몰라도 '나는 황제인가?' 라고 중얼거리는데 갑자기 목이 메어왔다. 그때 아내가 저녁 먹자며 나를 불렀다. '아, 이런 것들이 삶이구나.' 하는 생각을 하면서 일어서는데 '뚝' 하고 눈물방울이 거실 바닥으로 떨어졌다. 나는 얼른 일어나 화장실로 들어가는데 걷잡을 수 없이 흘러내렸다. 한참을 그렇게 울었다.

그 후 몇 번의 이사를 다녔다. 그러나 아이들이 성장하고 우리 부부가 늙어가면서 무언가 불편해지기 시작했고 내가 퇴직하면서 그 공간도 거북해졌다. 사람의 나이가 60을 넘으면 제가끔 편하게 살고 싶어 한다. 밖에서 안으로 들어온 남자는 아내의 수발을 받으려 하고, 평생 식구들 뒤치다꺼리를 해온 아내는 이제는 자유롭고 싶어 한다. 그런 늙은이들이 하루 종일 같은 공간에 있다는 것은 일종의 고통과 같은 거였다. 오죽했으면 하루 한 끼도 안 먹는 남편은 '영식님', 한 끼만 먹는 남편은 '한식씨', 두 끼 먹으면 '두식이 놈', 하루 세 끼를 챙겨주어야 한다면 그는 '삼식이 새끼'다. 거기에다 간식까지 챙겨달라면 '종간나(종일 간식 나오기를 기다리는 놈)새끼'라고 부를까?

나만의 공간이랍시고 조그마한 원룸을 얻어 매일 출근하다시피 했는데 이게 매년 전세금이나 월세를 올려달란다. 그래서 그 돈을 빼서 시골로 와 버렸다. 완벽한 나만의 공간이 생긴 것이다. 누구의 간섭도 없이 볼륨을 최대한 올려 내가 듣고 싶은 음악을 들을 수 있고, 목청껏 "아서라, 세상사 쓸 곳 없다. 군불견君不見 동원도리東園桃李 편시춘片時春 창가소부娼家少婦야 웃들 마소." 하며 소리를 냅다 질러도 누가 뭐라 그러지를 않는다. 보고 싶은 책을 밤 새워 읽을 수도 있다. 나는 자유로워진 거다. 그날, 내가 시골로 이사 온 그 첫날 밤, 나는 감격에 겨워 그 옛날처럼 베토벤 〈황제〉를 볼륨을 최대로 올려놓고 들었다. 나는 비로소 황제의 방에 든 기분이었다.

(돌고 돌아 여기까지 왔구나. 황제처럼 내가 왔구나.)

요즘도 나는 노을이 고운 저녁이면 창가에 앉아 〈황제〉를 듣는다. 이만하면 분수 밖이다. 세상은 이미 나를 필요로 하지 않는다. 길가의 민들레가 깊은 산속에서 꽃 피지 않듯이 심산유곡의 거목 역시 갯가에 뿌리내리지는 않는다. 머물 곳을 알아야 이름을 지킬 수 있다고 했다.

나지막한 능선 아래 조그마한 집에 한가롭게 누웠다. 달 뜨면 옛날 생각하며 새벽 안개와 저녁놀과 함께 즐기며 시끄러운 세상일로 일희일비하지 않으리라. 굴원屈原이 읊었듯이 "물이 맑으면 갓끈을 빨고 물이 흐리면 발이나 씻으며" 살리라. 늙은 소나무처럼, 이끼낀 바위처럼 그렇게 살리라. 이쯤, 여기에서 내 생의 순례를 마쳐도 좋으리라.

해인海印의 달

한 여자가 울고 있었다. 냉기가 뼈골까지 스며드는 대웅전 바닥에 엎드려 여자는 어깨를 들썩거리며 울고 있었다. 무슨 사연일까. 속세의 근심이 얼마나 깊었으면 눈 오는 이 겨울날, 차가운 바닥에 얼굴을 대고 저리도 울고 있을까?

남한산성 입구에 자리 잡은 이 절은 평소 사람의 왕래가 많은데도 불구하고 오늘따라 적막강산이다. 바람이 불 때마다 풍경風磬 소리만 청명하다. 선방 앞에 나란히 놓인 흰 고무신만이 스님의 고행을 말해준다. 스님은 이 적막한 아침에 무슨 화두를 안고 고뇌하고 있을까. 저 중생의 아픔을 아시는가.

지난겨울 눈이 많이 왔다. 하루 건너 한 번씩 내렸다. 도로가 끊어지고 시골 비닐하우스가 무너졌다. 영동산간은 고립되었고 산짐승들의 먹이를 헬리콥터로 공급해 주어야 했다. 창밖으로 내리는 눈을 바라본다. 그렇게 눈이 퍼붓는데도 불구하고 내 전화는 지금 일주일째 울리지 않는다. 눈 오는 날, 보고 싶은 사람이 없고 만나고 싶은 사람이 없으면 그는 아주 강한 사람이거나 냉정한 사람일 것이다. 눈 오는 날 전화 한 통도 없다면 그는 늙은 사람이거나 잊힌 사람일 것이다. 그렇지 않으면 평생을 사랑다운 사랑을 한 번도 해본 일이 없는 삭막한 사람일 것이다. 이렇게 눈이 많이 내리는 날은 누구를 사랑한 일도, 누구와 헤어져 본 일도 없이 오로지 아내와 자식만은 위해 살아온 사람일지라도 뒷짐을 지고 공연히 거실을 어슬렁거리며 소심하고 멋대가리 없이 살아온 자신의 삶을 한 번 정도는 되새김해 보리라.

지난겨울 나는 밤마다 잠을 설쳤다. 2시간 간격으로 깼다. 한밤중 멍하니 TV 앞에 앉아 있다가 다시 잠들곤 했다. 그때마다 어지러운 꿈이 나의 잠을 불편하게 했다. 소리도 없이 떨어지는 눈송이건만 잠결에는 어찌 그리 크게 들리는가. 사각사각 끊임없이 내리는 눈 소리를 들으면서 중얼거린다. 아! 많이도 오는구나. 반쯤 가사상태에서 겨울밤을 보냈다.

눈 덮인 산이 보고 싶었다. 평소에는 그렇게 많던 등산객들도 오늘은 보이지 않았다. 나는 사무실을 나섰다. 몇 발자국만 걸으면 바로 남한산성 입구다. 부처님께 합장인사나 드릴 양으로 들렀다가 한 여자의 깊은 슬픔을 보았다. 내 안에 삭아 내리는, 내 뼈와 살이 녹아내리는 슬픔이 아니건만 우울했다.

슬픔이 옮겨온다. 고뇌 없는 살이(生)는 없는 걸까. 이 중생들의 고뇌를 해결해 주려 부처님은 집을 나와 숱한 고행을 했건만 수천 년이 지나도 중생들은 오늘도 이렇게 당신에게 빌고 있다. '부처여! 내 안의 고뇌를, 저 절절한 중생의 슬픔을 당신의 자비로서 다스려 주소서.'

절을 나왔다. 나무들은 잔뜩 눈을 이고 서 있고 눈에 덮여 어느 곳이 길인지 분간이 되지 않았고 무릎까지 빠졌다. 어디서 우두둑 우듬지 부러지는 소리가 났고, 이어 우수수 눈 쏟아지는 소리가 들렸다. 까치가 화답을 한다. 그때마다 산이 한 번씩 몸부림친다. 나무를 올려다본다. 여항閭巷에서 일희일비하며 사는 내가 저 꼿꼿하고 의연하게 서 있는 나무를 닮을 수는 없겠지만 오늘따라 저 겨울나무가 위대해 보인다.

젊었을 때는 꽃이 참 아름답다고 생각했다. 그러다 나이가 들면서 우렁우렁 가지를 하늘로 키워내는 나뭇잎들이 그렇게 눈부셔 보였다. 초록의 찬란함도 내게는 위안이었다. 그런데 무거운 그 모든 것들을 다 떨어내고 묵묵히 눈을 맞으며 서 있는 저 겨울나무의 인내가 눈물겹다. 잊어버리라고, 그리고 빈 몸으로 가뿐하게 추운 겨울을 맞는 것도 귀로歸路의 아름다움이라고 가르친다.

그래서 겨울나무는 해탈이다. 대웅전 바닥에 엎드려 울던 그 여자의 슬픔도, 늘 내 앞 서너 발자국 정도 앞서 가는 내 안의 욕망도, 그 모든 것을 떨쳐내고 비워내는 것이야말로 아름다움이라고 나무는 말한다.

결국은 하나일 것이다. 하늘의 달은 둥근데 바다에 비친 달은 일그러져 보인다. 어느 것이 본질인가. 그래 잊자. 한 생각만 놓아버리면 온 바다의 파도가 다 조용해진다. 전생의 업業을 타고날지라도, 이승에서 반드시 치러야 할 업이 있고 그것을 다하지 못한다면 아무리 죽으려 해도 죽지 못할 것이다. 업을 다했기에 이승을 홀가분하게 떠나는 것이리라. 눈이 온다고 떠나버린 옛사랑을 다시 추억하는 것도 부질없는 짓일 것이다. 같은 둥지에서 자던 새들도(衆鳥同枝宿) 날 밝으면 각자 날아가거늘(天明各自飛) 우리들 인생, 또한 그와 같지 않는가(人生亦如此). 무엇 때문에 옷깃 적시며 눈물 흘리는가(何必淚霑衣)?* 차가운 바닥에 엎드려 우는 중생이여! 하늘의 달을 보고, 눈 오면 잠 못 이루는 그대들이여, 날아가는 새들을 보아라. 그리고 벌거벗고 서 있는 저 겨울나무들을 보아라.

그날 나는 아주 깊은 잠을 오래오래 잤다.

* 이수광李睟光의 〈지봉유설芝峰類說〉에서 인용.

4부

전야前夜, 그 쓸쓸함에 대하여
백수광부白首狂夫의 겨울
바람 부는 날은 고향이 보고 싶다
마음은 언제나 외로운 사냥꾼
길 위에서 길을 묻다
귀거래사歸去來辭
간이역에서
가을 산사山寺에서
꽃의 의미
술 권하는 사회

전야前夜, 그 쓸쓸함에 대하여

명절 전야는 참 쓸쓸했다. 서울역 광장 벤치에 앉아 바쁘게 고향을 오가는 사람들을 보기도 하고 덤핑 테이프를 파는 리어카에서 "코스모스 피어있는 정든 고향 역, 이뿐이 곱분이도 나와 반겨주겠지……." 하는 나훈아의 노래에 콧잔등이 시큰해지기도 했다. 서울역 그릴에서 커피 한 잔을 시켜놓고 머리를 숙이고 갈 수 없는 고향을 생각하기도 했다. 신청사가 들어서기 전, 서울역 그릴에서 내려다보면 플랫폼으로 기차가 들고나는 모습이며, 타고 내리는 사람들의 각가지 모습들이 다 보였다. 선물보따리를 안고 들뜬 표정으로 서울역을 떠나는 귀성객들의 모습을 나는 늦도록 지켜보았다. 날개를 가진 짐승들도 어두워지면 집을 찾는다. 머물 곳 없이 떠돈다는 것, 어디에도 갈 곳이 없다는 것은 가슴 저 밑바닥에서 버석버석 얼음이 어는 것이다. 굳이 찾자면 할 일이 없는 것도 아닌데도 열일곱 살의 랭보처럼 빈 호주머니에 손을 찌르고 명절 전날 서울역 근처를 얼쩡거리는 것은 남들은 부모형제 만나러 가족들 손잡고 들뜬 마음으로 가는 그런 계절, 그런 시간에 남들과 같이 갈 수 없다는 쓸쓸함 때문이다. 타향도 정들면 고향이라 하지만 바람이 불면 뿌리째 뽑혀 날아다니다 바람이 자면 아무데서나 뿌리를 박고 살아가는 전봉轉蓬에 불과하다는 애상이 겹쳐 쓸쓸함을 더한다. 역 대합실 벤치에 앉아 기차를 기다리는 사람들 틈새에서 나도 고향 기차를 기다리는 것처럼 약간 들뜬 표정을 지으면서 그들의 고향 이야기를 듣는다. 막차가 떠나버린 시간까지 서울역 부근에서 줄곧 고향을 생각하며 그렇게 서성거리곤 했다.

내게는 고향이 없다. 돌아갈 고향이 없다. 어렸을 때 잠시 머문 적은 있지만 일가친척들은 어디론가 다 흩어지고 고향은 흔적도 없이 도시화에 밀려 사라져버렸다. 나 역시 도시로, 도시로만 떠돌며 살았다.

명절날 아침을 기억한다. 날이 채 밝지도 않은 신새벽, 알 수 없는 엄숙함과 정적이 감도는 그 어둠 속에서도 식구들은 까치발로 발소리를 죽여가며 들락거리고, 부엌에서는 조심스럽게 그릇 다루는 달그락거리는 소리가 꿈속에도 아련했다. 제상이 있는 안방에서 단정하게 한복을 차려 입은 할아버지가 지방을 쓰기 위해 벼루에 먹을 갈면 묵향이 온 집안으로 번지면서 나 역시 아, 오늘은 제사를 지내고 맛있는 음식을 먹는 날이구나 하는 생각이 들어 절로 잠이 깨곤 했다. 그런 명절날 아침, 나는 연기가 피워 오르는 향로香爐가 신기해 건드렸다가 손을 데어 누나의 등에 업혀 넓은 마루를 오르내리던 기억이 아직도 어제 일처럼 생생하다. 단발머리를 한 누나가 힘에 겨워 끙끙거리며 나를 엉치께에 매달고 한 발자국 움직일 때마다 연신 추슬렀고 나는 누나의 따뜻한 등이 좋아 한껏 어리광 부렸다. 그날 아침 제상을 물리고 할아버지가 아버지에게 음복술을 돌렸는데 그 술잔을 어찌하다 쏟고 말았다. 할아버지 무릎에 앉아 이 광경을 지켜보던 나는 아버지에게 달려가 아버지를 한 대 때렸던 것 같았다. 어린 생각에도 할아버지가 내려준 술을 감히 쏟은 아버지가 잘못했다고 생각했던 것 같았다. 웃음보가 터졌고 나는 얼른 할아버지 무릎으로 도망쳐 안겨버렸다. 할아버지는 웃으면서 아버지에게 그러면 되느냐며 가서 술을 한 잔 따라드리라고 했다. 나는 아버지의 눈치를 보며 머뭇거리자 아버지는 온화한 미소를 지으면서 술을 따르라고 했다. 나는 눈치를 보면서 아버지에게 술을 따르자마자 할아버지한테로 얼른 가 안겨버렸다. 할아버지가 파안대소를 하고 내 머리를 쓰다듬었으며 아버지가 빙그레 웃으면서 잔을 드셨고 어머니는 내 엉덩이를 가볍게 때리며 눈을 흘겼다.

그날 아침, 바른 지 얼마 안 된 하얀 한지를 뚫고 내비치던 부드러운 아침햇살이 생각난다. 콩기름을 잘 먹인 장판에 창살의 격자무늬 그림자가 안방 깊숙이 드리웠고 방안은 알맞게 따뜻했다. 가족 모두가 행복하고 넉넉해 보였다. 이 추억은 내가 기억하는 가장 푸근하고 은성殷盛했던 시절의 풍경이었다. 그 후 6 · 25가 나고 그 와중에 아버지는 돌아가셨고 우리는 피난 갔다 돌아와 보니 집은 행랑채만 남고 다 타버렸다. 그 이후 우리는 고향을 떠났고 도시로, 도시로만 떠돌았다.

나는 이 추억을 떠올릴 때마다 콧잔등이 시큰해진다. 생각만 해도 가슴이 저려오는 것이 어디 그뿐이겠는가? 해그림자 설핏해질 무렵, 집집마다 밥 짓는 연기가 뒷동산 허리를 안개처럼 감싸고 돌 때의 알 수 없는 슬픔, 한여름 감나무 밑 평상에서 낮잠 자다 깨어났을 때 집은 텅 비어있고 매미 소리만 자지러질 때의 그 외로움, 눈이 펄펄 내리는 한겨울 할머니가 화로에 구워준 고구마의 달콤함. 고향은 빛바랜 사진첩에서 발견할 수 있는 낡은 흑백사진이 아니라 오히려 세월이 가면 갈수록 선명한 색깔로 눈물겹게 다가오는 찬란한 불꽃축제와 같은 것이다. 사람들은 살다가 지치며 고향을 찾는다. 비록 높은 자리에 올라 부귀영화를 누릴지라도, 가서 닿을 곳이 없고 돌아서서 뿌리 내릴 곳조차 없는 자들은 막막하다. 거기다 찾아가 뵐 부모조차 없는 사람들은 더욱 더 허전하다. 아무리 가난할지라도, 수마水魔에 할퀴어 폐허가 되고 가뭄이 들어 한 해살이를 망쳤다 해도 명절에 돌아갈 고향이 있다는 것은 행복이다. 한 종착지에서 차에 내렸을 때, 거기에 우리를 반기는 낯익은 얼굴, 그 고향의 그리운 얼굴이 환하게 웃고 있을 그런 순간을 상상하는 것만으로도 눈물겹지 않는가.

혼자 떠돌던 시절, 나는 명절 전날은 그렇게 서울역에 나와 앉아 고향을 생각하면서 떠나는 사람들을 지켜보곤 했다. 지금도 명전 전날은, 있지 않고 갈 수도 없는 고향이 생각나고 거리를 바쁘게 오가는 차량들만 봐도 아련한 슬픔이 치솟는다.

마음이 마른 가랑잎 같은 날이다.

백수광부白首狂夫의 겨울

올겨울은 눈이 많이 내렸다. 자고 나면 발목이 빠질 만큼 눈이 이틀에 한 번씩 내렸다. 연일 최저 기온을 갱신하면서 내가 있는 시골은 영하 29도까지 내려갔다. 아침에 커튼을 열면 유리창에 허옇게 두꺼운 성에가 앉았다. 어둠살이 깔린 박명 속으로 눈[雪]은 형광처럼 푸른 빛을 뿜아내고 먼 산은 차디찬 은빛으로 내 눈[眼]을 찔러왔다. 갈까마귀 떼가 내려앉은 빈 들판은 황량했고 허무했다. 바람은 날카로웠다. 길 옆 가로수는 휘파람소리를 내며 울고, 바람이 한차례 불 때마다 가지 위에 쌓였던 눈이 안개처럼 흩뿌려졌다. 이 고즈넉한 아침. 아무것도 생각나지 않는 명징하고 깨끗한, 그리고 쓸쓸한 아침을 맞는다. 살아오면서 이런 아침을 얼마나 만났던가? 아무도 없이, 그래 아무도 없이 혼자 이렇듯 죽은 듯이 고요하고 쓸쓸한 아침을 만난 적이 얼마나 있었던가? 추위에 한껏 몸을 웅크리고 나는 겨울풍경을 넋을 잃고 바라보곤 했다.

"마음이 공허한 자여, 빈곳을 보라. 그곳에 길함이 있다."
(瞻彼闋子 虛室生白 吉祥止止)

장자가 그랬다. 무상無相이 실상實相이라는 설법인가? 그런가. 길함이 있을까? 날마다 편지를 기다리고, 전화를 기다리고, 매일 메일함을 열어보지만 염량세태가 매양 그렇다.

겨울이 깊어갔다. 벌써 며칠째인지 모른다. 집안에서도 두꺼운 털옷을 입고 혼자서 책을 읽거나 음악 듣고 있다. 당초에 이 시골에 올 때는 그리하리라 작정을 하고 왔다. 서울 있으나 시골 있으나 매양 그러하거늘 구태여 서울에 있을 이유가 없기에 이리로 옮겨온 것이다. 지인 하나가 그랬다.

"미친 놈(狂夫), 머리는 허옇게 해가지고(白首) 이 무슨 청승이냐? 늘그막에 부부가 서로 등 기대며 서로의 온기로 살아야 하거늘……." 하며 쯧쯧 혀를 찼다.

별다른 희망이 없다는 이야기를 차마 하질 못하고 웃고 말았다. 좋은 물건을 봐도 욕심이 나지 않고 먹고 싶은 음식도 없다. 욕정도 사랑도, 꿈마저 모두 기화해 버린 내가 비 맞은 새처럼 초라하고 남루하다는 것을 너무 잘 알고 있기 때문이기도 하다. 또 내가 강을 건너고자 할 때 누군가가 "임이시여! 강을 건너지 마오.(公無渡河)" 하고 노래라도 불러주었던들 하고 생각해본다. 그러나 수십 년을 같이 살아도 생각도 다르고 취향도 다른데……. 같이 있으나 따로 있으나 매양 한가지일 것이다. 강 이쪽저쪽에서 바라보는 것이 더 아름다울 수도 있을 것이다.

젊었을 때 삶의 중심이었던 그 모든 것들은 어디로 갔는가? 젊었을 때는 세월에 떠밀려 살았지만 나이가 들면서 발버둥 치는 듯 해 부끄러웠기 때문이기도 하다.

지난 삶을 반추한다. 다시 생각하고 싶지 않는 치부, 건드리고 싶지 않은 영혼의 상처, 아픔. 내가 겪은 수많은 시행착오들을 생각해 본다. 회한만 남는다. 죽어라 뛰어도 제자리인 삶, 한 자리 건너뛰면 또 한 자리가 아늑한, 멀고도 험난한 여정. 가난해서 혹은 연줄이 없어서 분노하고 절망하면서도 이 악물고 버티어 온 한평생. 나야 그 한을 이기지 못해 한평생을 몸부림치며 떠돌았지만 그게 자식들에게 새로운 한이 되지 않았을까?

우리 아이들만은 되풀이하지 않기를 바라본다. 우리 아이들만큼은 이런 윤회를 답습하지 말아야 한다고 생각했는데, 동도 트기 전 깜깜한 새벽에 어린 새끼들을 두고 떨어지지 않는 발걸음을 옮기는 자식들을 보면서 이 험한 세상을 저것들이 어찌 헤쳐 나갈지를 생각하면 새삼 아득해진다. 인생은 잡지의 표지처럼 통속하다는 걸 이미 어떤 시인이 읊었다지만 꽃 진 자리의 적막을 누가 세세히 알리오. 내 마음의 강물은 이미 아우성치며 한 굽이를 돌아나간다.

너무 길어 꿈도 토막 나는 겨울밤, 누구의 손이라도 잡지 않으면 견디기 어려울 때, 나는 벽난로에 불을 피우고 장작 타는 소리, 창을 치고 지나가는 바람소리, 처마에 고드름 떨어지는 소리, 추녀 밑에서 연신 울어대는 풍경소리에 귀 기울이며 따뜻한 찻잔을 손에 움켜쥐고 작설의 향을 맡으며 그리움을 달랜다. 빈집에 혼자 우두커니 앉아 그렇게 겨울을 난다. 이경을 넘으면 바람도 잦으리라. 눈도 그치고 달도 뜨리라. 겨울밤이 긴 만큼 생각도 길어진다.

누군가 문을 흔드는지 덜컹거린다. 문을 열어본다. 바람이다. 잠시 뜸했던 눈발이 다시 굵어진다. 막소금을 뿌리듯 벌판을 흰 사선으로 눈발이 내리꽂히고 있다. 길이 보이질 않는다. 세상은 온통 흰 빛이다. 어디가 길이고 어디가 논밭인지 구분이 안 된다. 추위도 잊고 그 광경을 한참을 바라본다. 여기도 없고 저기도 없다. 이것도 없고 저것도 없다. 그래, 이쯤에서 길을 잃는 것도 좋으리라. 설사 이르지 못한들 어떠랴. 어차피 이 말류의 시대에 태어난 미욱한 삶인 걸……. 편안하게, 세상사에 연연하지 말고, 일비일희하지 말고 이쯤에서 외롭게 서자. 적멸寂滅에 들자.

바람 부는 날은 고향이 보고 싶다

고향의 겨울은 유난히 바람이 많이 불었다. 영일만에서 시작된 바람은 형산강의 모래를 밤새 실어 날라 아침에 일어나면 마루는 온통 모래천지이고 아귀가 잘 맞지 않는 문틈을 비집고 들어온 모래는 입안까지 서걱거리게 했다. 하루에도 몇 번씩 마루를 쓸어도 쌓이는 모래먼지는 줄지 않을 뿐 아니라 볕이 좋은 날도 모래먼지가 햇빛을 가려 마을은 온통 회색빛이었다. 좁은 골목길을 돌개바람이라도 한차례 불면 우물가에 있던 세숫대야며 그릇들을 내동댕이치며 길가의 종이 부스러기를 하늘로 말아 올렸다.

대낮에도 사람들은 문을 닫아걸고 나들이를 거의 하지 않아 거리는 한산하기 짝이 없지만 잠깐씩 바람이 자고 볕이 좋으면 어른들에게 아랫목을 빼앗긴 아이들만은 영양실조에 걸린 노란 얼굴을 하고 담벼락에서 옹기종기 해바라기를 하면서 추운 겨울을 보내곤 했다.

몇 안 되는 동네 구멍가게들은 허연 먼지를 뒤집어쓴 유령의 집처럼 음산하고 가게 주인 역시 겨울 내내 안방에서 화투장을 끌어안고 막걸리 내기를 하거나 종일 낮잠으로 보낸다. 그래도 활기가 있는 쪽은 장터거리의 주막집과 다방들이다. 동네 한량들은 선술집에 죽치고 앉아 술추렴을 하기도 하고, 새로 온 다방 레지를 꼬시려고 하루 종일을 커피에, 쌍화차에 위티(위스키 티-도라지 위스키 한 잔과 홍차 한 잔)를 시켜가며 눈맞춤을 하는 바람둥이도 있다.

하루에 두 번 포항까지 가는 시외버스가 있긴 하지만 목욕탕이 없는 동네라 목욕하러 나가는 사람과 눈 맞은 처녀와 바람둥이 총각들이 바람피우려 나가는 것 이외는 별로 승객이 없기 때문에 외지로 나가는 버스에 누가 타고 누가 들어오는가를 면밀히 관찰을 하면 누가 누구와 연애를 한다든지, 어떤 다방 레지가 누구와 바람이 났다든지 금방 알 수 있다. 그런 소식은 콧구멍만 한 동네라 삽시간에 퍼지면서 며칠은 좋이 시끄러워진다. 사내들은 사내대로 아낙네들은 아낙네대로 바람 부는 고샅길을 오가며 부지런히 수다를 떨 즈음 바람난 레지는 야반도주를 하고 연애하던 처녀는 부모에 멱살이 잡혀 때로는 머리까지 깎여 골방에 갇히고 만다.

그곳이 비록 고향이긴 하지만 나는 그곳에서 태어나기만 했을 뿐 아주 어릴 때 대구로 나왔기 때문에 타향과 별반 다르지 않았다. 그러다 초등학교 교사인 형님이 이곳으로 발령이 나는 바람에 기억에도 없는 이곳 안태安胎 고향으로 오게 되었고 1년 동안 머무르게 되었다.

돌개바람이 일으킨 뿌연 먼지를 뒤집어쓰고 마치 유령의 도시처럼 음침한 그곳 고향의 단칸방에서 온 식구들은 이불 하나에 발만 덮고 지냈고 머리맡에 놓여있던 물그릇은 땡땡 얼 정도로 위풍이 셌으며, 방에 앉아 있어도 코끝이 시렸다. 방구들은 엉덩이가 데일 정도로 절절 끓어도 귀가 시릴 정도로 아무렇게나 지은 흙벽 집은 형산강의 세찬 바람을 막아내기에는 역부족이었다.

참으로 우울한 나날이었다.

문밖을 훑고 지나가는 바람소리를 들으면서 잔뜩 웅크린 채 몽롱한 잠 속으로 빠져드는 일밖에 할 일이 없었고 때때로 그런 저녁 나는 그 바람을 뚫고 형산강 가로 나가 얼굴을 때리는 모래도 마다 않고 거센 바람을 마주하고 있으면 하루 종일 몽롱하던 두통이 바람에 날아간 듯 상쾌해진다.

바람 부는 강가를 나는 미친 듯이 소리소리 지르면서 숨이 차 못 달릴 때까지 달리다 모래밭에 쓰러져 바람에 몰려가는 하늘을 보면서 억눌렸던 것들을 조금씩 풀어내었다. 그 강가에 고목나무가 한 그루 있었고 유난히 바람이 많은 동네라 아이들이 연을 많이 날리기 때문에 그 고목나무에는 항상 연 한두

개 정도는 찢어진 몸체를 바람에 내맡기고 펄럭이고 있었다.

그 연鳶은 꼭 나 같았다. 끈 떨어진 연, 지상과의 아무런 연계도 없이 홀로 버려진 그 연은 막막하고 불안한 내 미래 같았다.

석양을 받고 실루엣으로 서 있는 그 고목나무는 아직도 나의 꿈속에 자주 등장한다. 깊이를 알 수 없이 흐르는 형산강의 도도한 흐름과 바람이 훑고 지나가는 고샅길, 해바라기하는 아이들의 노란 얼굴, 형산강의 모래밭을 뛰었던 그 절망의 시간들이 깊은 밤 나의 잠을 깨운다.

고향에는 지금도 바람이 불고 있을까? 사람들에게는 누구나 고향이 있고 그 고향은 대개 복사꽃 붉게 피는 낭만적이고 전원적인 이미지가 대부분이지만 때로는 우울하고 기억하고 싶지 않는 고향도 있기 마련이다. 나 역시 한동안 고향을 잊으려 했고 고향에 관한 한 애써 입에 담으려 하지 않았지만 어쩐 일인지 나이가 들수록 내 머릿속에는 그 시절의 우울한 잿빛 영상이 자주 떠오르곤 했다.

내가 그 고향을 떠난 후 일부러는 아니지만 그곳에 들를 기회는 그리 많지 않았는데, 수년 전 우연히 그곳에 들른 일이 있었다. 모든 고향이 그렇듯이 나의 고향도 유년의 그런 고향이 아니었음은 물론이고, 서울 근교 어디에서도 볼 수 있는 그런 모습으로 변해 있었다. 고목나무가 서 있었던 강가는 강변도로로 변했고, 군데군데 매운탕 집이 들어서 자가용들이 즐비하게 늘어서 있었으며, 돌담 고샅길은 없어지고 돌개바람이 운동장을 가로지르던 초등학교도 어디론가 이사를 가고 아파트가 들어서 있었다. 다방 대신 카페가 들어서 있고 선술집 대신 단란주점들이 네온을 번쩍이고 있었으며 동네 노름꾼들의 놀이터였던 주막집 옆 장터는 현대식 시설을 갖춘 상가와 E-마트와 피자집과 노래방과 PC방들이 나란히 자리를 잡고 있었다. 영일군의 한 면에서 포항의 한 구區로 편입되면서 이곳도 재개발이 이루어지고 각종 편의 시설들이 들어서 서울의 그 어느 곳과도 다르지 않았다. 낡은 흑백사진의 아련한 추억은 어디 가고 인쇄가 조잡하고 초점이 맞지 않는 싸구려 잡지를 보고 있는 것 같았다.

어디에도 유년의 그런 고향은 없었다. 그러나 내 마음속의 고향에는 아직도 모래바람이 불고 아이들은 연을 날리고 해바라기를 한다. 깊은 밤, 잠을 깨면 내 가슴속에는 그 고향의 강물이 아직도 흐른다. 그 깊이를 알 수 없는 도도한 흐름을 나는 온몸으로 느낀다.

바람이 부는 날은 고향이 보고 싶다.

마음은 언제나 외로운 사냥꾼

검정 커튼이 드리워져 있고 그 사이를 비집고 한줄기 빛이 들어오고 있었다. 아버지가 내 손을 잡아주었던 것 같기도 하고, 흐릿한 눈으로 나를 한 번 쳐다본 것 같기도 하고, 내가 병실에 갔을 때 이미 운명한 상태였던 것 같기도 했다. 내가 마지막으로 본 아버지의 모습이었다.

나는 아버지의 얼굴을 기억하질 못한다. 낡은 사진이 한 장 있긴 했으나 이리저리 떠돌다 잊어버렸다. 나이 마흔다섯에 겨우 다섯 살배기 막내아들을 두고 아버지는 세상을 떴다. 어린 아들에게 자정慈情의 말 한마디 남기지 않았다. 그 어둡고 우울한 광경이 지금도 눈에 선하게 어린 나에게 깊이 각인된 것은 '내 인생의 불행의 시작이라는 본능적인 불안감 때문'이 아니었겠나, 짐작한다.

그리고 그 전前해 명절 아침, 내가 따라 준 술을 환하게 웃으면서 받아 마셨던 기억이 아버지 모습의 전부다. 아버지가 없음으로 해서 나는 외롭고 고단하게 세상을 떠돌았지만 내 조악한 삶을 아버지의 탓으로 돌리지 않았다. 애초부터 나에게는 아버지가 없었기 때문이다. 아버지의 사랑을 받은 적이 없었기에 나는 아버지의 사랑을 제대로 자식들에게 베풀지를 못했다. 사랑하는 방법을 배우지 못했기 때문일 것이다.

한창 바쁘게 돌아치던 젊은 어느 날, 나는 야간촬영을 끝내고 스태프들과 술을 한 잔 하고 들어왔다. 아파트 주차장에서 올려다 본 우리 집 아들 방에 불이 켜져 있었다. '아직까지 공부를 하는 모양이구나.' 하고 다소 흐뭇한 마음으로 현관문을 여는데 아들 방에 불이 탁 하고 꺼졌다. 잠시 망설였다. '모른 척할까?' 나는 아들방문을 열고 들어가 불을 켰다. 아들은 선잠을 깬 척하며 일어났다. 나는 아들을 안아주었다. 아들이 퉁명스럽게 그랬다.

"아빠는 왜 맨날 늦게 들어오세요." 나는 설명할 수가 없었다.

"아빠의 일이 원래 그렇다."

"그런데 왜 술은 마시고 들어오세요."

아버지의 일을 모르는구나. 약간 비감에 젖었다.

"아버지가 마시는 술은 술이 아니라 눈물이 절반이다."

나는 김현승의 시 한 구절을 원용했다.

"에이, 그런 말이 어디 있어요."

(크면 알게 될 것이다. 세상의 모든 아버지들은 그렇게 눈물의 술을 마신다는 것을.)

"그래, 아버지가 술에 취해서 말도 아닌 말을 했다."

아들은 가끔 그날 밤 내가 했던 말을 상기하곤 한다. 공감한다는 뜻인 듯했다.

나는 다른 아버지들처럼 그렇게 여유 있게 살질 못했다. 늘 절박했다. 빈손으로 고향을 떠날 때 비록 통속적이긴 하지만 성공하지 못하면 다시 이 땅을 밟지 않으리라 마음속으로 맹세했다. 친구 자췻집을 전전하다가 우연히 PD가 되었을 때도 나는 죽기 살기로 일을 했다. 이 일은 연고나 지연, 학연이 없더라도 객관적인 잣대(시청자의 호응)가 있기 때문에 하기 나름이라는 확신이 섰다. 한 작품, 한 작품에 최선을 다했다. 작품을 연출할 때는 거의 잠을 자질 않았다. 수십 번씩 콘티(연출 플랜)를 수정하고 수정한 콘티를 다시 밤 새워 재수정했다. 작품이 끝났을 때 가장 큰 소원은 잠 한번 실컷 자는 것이었다.

그래서 집으로 돌아왔을 때는 2~3일 정도는 죽은 듯 잠만 잤다. 자식들과 그 흔한 놀이공원 한번 가보지 않고, 집에서 잠만 자는 아주 나쁜 아버지가 된 것이다. 자식들 교육 문제에서도 나는 완고했다. 아들은 강하게, 딸은 반듯하게 길러야 한다는 내 소신 때문에 딸은 스트레스를 많이 받았다. 귀가시간을 정해놓고 다그쳤다. 때로는 교수한테도 전화가 오고 과대표한테서도 전화가 왔다. 귀가 시간을 조금만 늦추어달라고.

그럴 경우, 예외가 있긴 했지만 비교적 엄격하게 다스렸다. 그것도 이제 와서는 흠이 된다. 아들은 그런다. 어렸을 때 아버지는 엄청 무서웠다고.

이제 나이가 들고 자식들도 결혼하여 자식을 얻었다. 아들 내외는 주말마다 아이를 데리고 놀이공원으로, 바닷가 등으로 데리고 다닌다. 어렸을 때 좋은 추억을 남겨주어야 한다면서 주말은 거의 집에 있질 않는다. 아이의 일거수 일투족을 카메라에 담고 친구처럼 아이와 놀아주었다. 정말 아버지다웠다. 아들은 나한테 그랬다. "아버지는 자식을 공짜로 키웠다."고. 나는 그런 아들의 모습을 보면서 새삼 우리 시대의 아버지를 생각했다.

우리 시대의 가족사진에는 아버지가 없다. 오로지 일만 있었다. 조국 근대화의 역군이 되어 아침 일찍 출근하고 밤늦게 들어왔다. 야근으로 집에 못 들어오는 날이 부지기수였고, 때로는 만취해 세상사의 억울함을 가족들에게 억지를 부리기도 했다. 우리 시대의 아버지는 내내 바깥으로만 떠돌았다. 아버지가 집에 있어 즐겁고 유쾌한 것이 아니라 오히려 적막했다. 아버지가 잠을 깰까봐 까치발을 해서 다녀야 하는 자식들에게 아버지는 불편한 존재였다. 우리 시대에 아버지는 있었지만 아버지다운 아버지는 없었다. 그런 세월이 지속되다 보니 자식들은 아버지를 보면 슬슬 피했다. 아버지가 집에 없었으면

하는 기색이 역력해 보인다. 나뿐만이 아니라 우리 시대의 모든 아버지가 거의 대동소이하다.

벌이도 그랬다. 많지도 않은 월급인데도 술값이나 외상값으로 빈 봉투를 가져다주면서도 되레 큰소리치기도 했다. 연줄이 없어 진급에서 탈락할 때마다 몇 날을 두고 우울해해 가족들을 안절부절 못하게 만들었다. 우리 시대의 아버지는 실체 없이 떠도는 유령이었다. 아내에게는 애물단지 웬수로, 자식에게도 다가서기에 어쩐지 거북하고 두려운 존재가 되고 말았다.

우리는 이제 늙었고 역할도 끝났다. 자식들이 한 가정의 중심으로 자리 잡으면서 우리 시대의 아버지들은 생의 뒷전으로 밀려났다. 젊은이들의 자식사랑을 지켜보면서 나는 자꾸만 아버지의 임종 장면이 떠오른다. 상처받지 않은 영혼이 어디 있겠으며 고단하고 설움 없는 삶이 어디 있겠느냐마는, 만약 내가 죽어 저승에 있는 아버지를 만난다면 어느 시인의 시처럼* 내 생전에 억울하고 원통하고 서러웠던 일, 한 가지만이라도 일러바치고 아버지 품에 안겨 엉엉 울고 싶다는 생각도 한다.

아버지는 울타리다. 자식들을 지켜주는 굳건한 울타리여야 한다고 생각했다. 그래서 때로는 매도 들고 강요도 했다. 우리 시대의 아버지는 그래서 외롭다. 한평생 무엇을 찾으려고, 무엇을 구하려고 그렇게 분주히 돌아쳤던가. 아버지의 마음은 언제나 외로운 사냥꾼이다.

엄마가 휴가를 나온다면

정채봉

하늘나라에 가 계시는
엄마가
하루 휴가를 얻어 오신다면
아니 아니 아니 아니
반나절 반시간도 안 된다면
단 5분
그래, 5분만 온대도 나는
원이 없겠다

얼른 엄마 품속에 들어가
엄마와 눈맞춤을 하고
젖가슴을 만지고
그리고 한번만이라도
엄마!
하고 소리 내어 불러보고
숨겨놓은 세상사 중
딱 한 가지 억울했던 그 일을 일러바치고
엉엉 울겠다.

길 위에서 길을 묻다

고열에 들떠 밤새 신음하는 어머니, 벽을 사이하고 전등을 나누어 쓰는 옆방 신혼부부의 비릿한 감창소리. 그해 여름방학, 나는 밤마다 귀를 막고 밤을 새웠다. 뜨거운 햇볕으로 달아오른 함석지붕으로 하여 방안은 한증막이었고 나는 땀을 삐질삐질 흘리며 낮잠을 잤다. 눈을 뜨면 여름햇살은 마당에 팽팽하게 내리꽂히고 수챗구멍 옆 채송화도 가냘픈 목 가지를 늘어뜨리며 죽어가고 있었다. 아! 이 길고 긴 여름을 어찌 보낼까. 할 일이 없었다. 형네는 어머니와 나를 객식구 취급했다. 나보다 15세 연상이고 아버지 없는 집안의 가장인 형은 내가 고2 초봄, 나에게 대학을 보낼 줄 수가 없으니 네가 알아서 하라며 냉정하게 선언했다. '어디론가 가고 싶다. 어디론가 떠나고 싶다.'를 수도 없이 중얼거리며 절망하고 있었다.

그러다 중학교 다닐 때 우리가 셋방 살던 동갑내기 주인집 아들이 나를 찾아왔다. 무전여행 갈 의사가 없느냐고. 약간의 경비는 자기가 마련할 테니 쌀만 준비하면 된다고. 나는 흔쾌히 승낙했다. 나는 어머니에게 쌀 좀 마련해 달라고 부탁을 했다. 어머니는 아득한 눈으로 나를 쳐다봤다. 나에게는 이미 자살미수 경력이 있기에 어머니가 무엇을 말하려는지 안다.

"걱정 마세요. 나 혼자 가는 게 아닙니다."

떠나는 날, 어머니는 내 손을 꼭 잡고 내 눈을 뚫어지게 쳐다보며 말했다.

"건강하게 돌아와야 한다. 건강하게!" 어머니의 눈은 축축했다. 돌아서는데 안개가 앞을 가려 세상이 뿌옇게 보였다.

우리는 포항을 거쳐 동해안을 따라가기로 일정을 잡았다. 날씨는 지독하게 뜨거웠다. 낯선 산모퉁이를 돌아 끝도 없이 뻗어있는 백양목 가로수 끝 소실점에서는 아지랑이 같은 뜨거운 열기가 꿈처럼, 환상처럼 가물거렸다. 가끔 가다 지나가는 차량이 일으키는 매캐한 먼지의 내음과 굉음 이외는 세상에 아무 소리도, 아무것도 움직이는 것은 없었다. 바람 한 점 없었다. 귀청이 찢어지게 지독히 울어대는 매미 소리마저도 이미 소리가 아니었다. 세상은 온통 적막이었다. 그 적막 속으로 우리는 한 점의 점처럼, 고행하듯 묵묵히 걸었다. 한 나절도 못 가 우리의 얼굴은 벌겋게 달아 홍시처럼 익었다. 첫날 우리는 예정의 반도 못 가 어느 산골짜기 계곡에서 여장을 풀었다.

텐트를 치고 고추장 하나로 밥을 비벼 먹고 하늘을 보고 누웠다. 하늘에는 은하수가 마치 소금을 뿌린 듯 깔려 있었다. 그 역시 아버지 없이 홀어미 밑에서 자랐고 학교마저도 공업계로 더 이상 공부할 수 없는 처지였기에 나와 같은 열병을 앓고 있었다. 우리는 우리 힘으로는 어쩔 수 없는 불안한 미래를 이야기했다. 어떻게 살아야 하는가? 아무런 결론도 없이 그저 올려다본 하늘에는 달이 뜨고 있었다. 그 붉은 달이 왜 그리 슬픈지. 눈물을 훔치고 그를 보니 그도 울고 있었다.

그렇게 울진에 도착했다. 그때 우리는 이미 거지가 되어 있었다. 바닷가에 텐트를 칠 작정으로 거리를 걷고 있는데 약간 불량기가 있는 청년 하나가 우리에게 다가와 말을 걸었다. 그때 우리들은 비록 거지 꼴을 하고 있었지만 교모만은 쓰고 다녔는데 그 청년은 내가 다니는 학교를 졸업한 선배라면서 고생한다며 우리를 식당으로 데리고 가 밥을 사 주었다. 며칠 만에 맛보는 진수성찬이라 우리는 허겁지겁 배가 터지도록 먹었다. 감사하다며 일어서는데 어디서 잘 거냐고 물었다. 바닷가에 텐트를 칠 작정이라고 했는데 그가 기어이 우리를 끌고 여관으로 데리고 갔다. 그리고는 선불을 요구하는 주인에게 으름장 놓듯 대거리하며 내일 아침에 주겠다면서 우리에게 잘 자라며 가버렸다. 불안하기 짝이 없었다. 이튿날 우리는 새벽에 탈출하기로 모의했다. 잠들면 안 된다고 서로 다짐을 했지만 피차 자신이 없었다. 그러나 그날 저녁 우리는 배탈이 나 버렸다.

30분 간격으로 교대로 화장실을 들락거리던 우리는 동 트기도 전에 여관을 나와 버렸다. 대부분의 무전여행족들이 강릉 쪽으로 길을 잡는데 비해 우리는 불영사 쪽으로 길을 잡았다. 붙잡혀서는 안 된다는 생각에서였다. 판단은 옳았지만 산은 높았고 길은 험했다. 물은 휘모리장단으로 우쭐거리며 흘러가고, 산속에 점점이 박힌 산간마을은 인적 하나 없이 낮닭만 한가롭게 울었다. 우리는 불영계곡 맑은 물에 밥 지어 먹고 벌거벗고 물에 뛰어들어 한동안 놀다가 다시 길을 걸었다. 계곡의 물은 유난히 파랬다. 그가 그랬다. 이런 물에 빠져 죽으면 억울하지 않을 것 같다면서 히죽 웃었다.

불영사에 도착했을 때 비가 왔다. 부슬부슬 내리던 비가 점차 굵어지더니 절에 도착했을 때는 내리퍼붓고 있었다. 우리는 쫓기듯 절 안으로 들어섰다. 부처님의 그림자가 비친다는 연못은 굵은 빗줄기로 그 모습이 보이지 않았다. 절 안은 대낮인데도 인기척 하나 없었다. 아, 그러고 보니 비구니 선원이구나. 어디 말 붙일 곳조차 찾기 어려웠다. 우리는 비를 피하여 대웅전 처마 밑 돌계단 앉아 떨리는 몸을 주체하지 못하고 한껏 웅크리고 두 팔로 다리를 단단히 감싸 안았다. 그리고는 턱을 괴고 절 마당에 내리꽂히는 빗줄기를 처연하게 내려다보았다. 날은 어둑어둑해지고 처마 끝에 매달린 풍경이 연신 울어댔다. 황량하고 우울했다.

한참 후에 내가 물었다. "무슨 생각을 하지?" 그가 그랬다.

"생각은 무슨……. 그저 이렇게 있는 거지. 너는?" "그냥 이대로라면…… 중이 되어도 좋겠다는 생각이 든다." 그리고 둘은 별 말 없이 또 한동안 그렇게 있었다. 참을 수 없이 배가 고파오고 이가 딱딱 마주칠 정도로 추워졌을 때 나는 과감하게 선방을 찾아갔다. 나이가 지긋해 보이는 여승 하나가 우리를 쳐다보더니 쯧쯧 혀를 차며 밥 한 술을 내 주었다. 허겁지겁 먹은 우리는 염치없게도 경내에서 텐트를 치면 안 되느냐고 물었다. 경내에서는 안 되고 산문 밖에 나가면 그런대로 비를 피할 수 있는 장소가 있을 거라고 했다. 우리는 빗소리를 들으며 불영사 입구에서 하룻밤을 잤다. 나중에 안 사실이지만 그날 그 비에 오대산 월정사 계곡에서 캠핑하던 고대생들이 급류에 휩쓸려 수명이 죽었다. 부처님의 은덕으로 산 것일까.

우리는 승무원들과 몇날 며칠을 수많은 숨바꼭질을 하며 영주를 거쳐 서울로, 그리고 다시 대구로 돌아왔다. 대구역 광장에서 헤어지면서 그가 낮고 우울한 목소리로 그랬다. "이제 어디로 가지?" 길 위에서 길을 물었다, 내가 그랬다. "어디로 가겠다고 가지는 건 아니잖아. 그냥 가보자. 그 끝이 어딘지는 모르지만……."

내가 군대를 제대하고 그 친구를 찾아갔을 때 그의 누나가 울면서 내게 말했다. 월남 가서 전사했다고. 순간, 나는 총알이 빗발치는 그 광란의 전장에서 세상을 비웃듯 시니컬한 웃음을 띠며 자폭하듯 몸을 던지는 그의 환영을 보았다.

불우한 청춘의 한때였다.

귀거래사歸去來辭

사람의 연치가 늘어나고 할 일도 마땅찮으면 저절로 쓸쓸해진다. 막연히 넘어가는 해를 오래도록 쳐다본다든지, 어디서 젊었을 때 불렀던 노래가 흘러나오면 까닭 없이 눈물이 난다. 덜컹거리는 바람소리에도 가슴이 서늘해진다. 어느 날 TV에서 청어가 많이 잡히면서 과메기의 원조는 원래는 꽁치가 아니라 청어라는 뉴스와 함께 그 지방 탐방르포가 방영되었다. 무심코 TV를 보던 나는 갑자기 탄식을 했다. "아! 그곳이 있었구나." 그날 이후 나는 밤마다 고향 꿈을 꾸었다. 까마득하게 잊고 지내던, 수십 년 전에 이미 떠나온 고향이 꿈에 보이고 그때 뛰놀던 그 골목길, 그 친구들의 면면이 생생하게 꾸어졌다.

벌거숭이로 뛰놀던 바닷가, 크고 작은 선박들이 즐비하게 늘어선 부둣가를 달음박질치는 친구들, 폭격으로 반쯤 파괴되어 기묘한 풍경을 만들어 내던 낡은 미곡 창고에서 밤늦도록 숨바꼭질하던 어스름 저녁, 이런 어릴 때의 모습들이 너무나 생생하게 꿈에 나타나곤 했다. 한밤중에 깨어 오랫동안 잠들지 못한 일도 있었다. 〈가고파〉노래만 들어도 눈시울이 뜨거워지곤 했다. 고향은 나이가 든다고 해서 잊히는 것이 아니었다. 오히려 더욱 간절해졌고 더욱 그리워졌다. 삶은 원형이라서 그런가? 자꾸만 고향이 보고 싶어졌다. 여우도 죽을 때가 되면 머리를 자기 살던 굴 쪽으로 향다고 했는데 나도 죽을 때가 되어서인가? 한 번 가야겠다. 돌이켜보니 그곳을 떠난 후 나는 한번도 찾지 않았던 것 같았다. 살기 바빠서도 그랬겠지만 그곳의 상처가 깊었기에 아마 의식적으로 외면했던 것이 아닌가 하는 생각도 들었다.

올겨울 들어 가장 춥다는 날, 나는 그냥 이웃 마슬 가듯 나섰다.

하루가 다르게 변하는 세상에 그곳만 변치 않을 리 없겠지만 동명洞名을 대고 간신히 찾아간 곳은 전혀 낯선 곳이었다. 나의 동심을 추억해줄 그 아무것도 남아 있질 않았다. 내가 놀던 샛강은 복개되어 주택과 상가들이 즐비하게 들어섰고 어머니가 노점상을 하던 어수룩한 시장은 현대 상가들이 다닥다닥 들어서 있었다. 절망의 얼굴로 어머니가 바라보던 어스름 저녁하늘은 아치형 지붕으로 덮어져 있었다. 나는 한참을 서서 그 광경을 바라보았다. 나는 기억한다. 다 팔지 못한 고춧자루를 내려다보다 눈을 들어 하늘을 올려다보는 어머니 눈귀에 번지던 찐득한 눈물을……. 어린 자식에게 보이지 않으려는 듯 차마 흘러내리지 못한 채 눈언저리에 고여 있던 그 눈물은, 그때는 그냥 막연히 슬펐지만 지금 생각해 보니 무슨 응어리 같은, 한恨 같은 거였다. 내 어린 유년도 눈물 없이 회상할 수는 없지만 6·25 때 아버지를 잃고 혼자서 막 자란 나보다, 여섯 식구를 혼자서 부양해야 하기에 힘겹게 버티고 살아온 어머니의 한이 더 눈물겨워진다. 홀로 서럽고 고달픈 멍에를 다 짊어지고 간 어머니를 한동안 회상했다.

호미곶, 당시는 대보라 불리던 곳으로 갔다. 관광지가 되어 있었다. 횟집이 즐비했고 해변으로 둘레길이 만들어 있었으며 등대박물관도 세워져 있었다. '바다손' 조각이 있는 곳에서는 서너 커플의 남녀들이 부둥켜안고 사진을 찍을 뿐 한산했다. 내 한과 추억이 깃들었던 등대로 가는 방파제는 광장이 되어 있었다. 나는 등대가 잘 보이는 포장마차에 앉아 소주를 마셨다. 18세의 그때처럼. 그리고 나는 천천히 등대 쪽으로 발을 옮겼다. 그곳이 그때의 그곳이었는지 알 수는 없었지만 그곳이라 짐작 되는 곳에서 나는 바다를 향해 합장하듯 두 손을 잡고 섰다. 이상한 열기에 들떠 차가운 겨울바람도 춥질 않았다.

50여 년 전, 크리스마스에 나는 그곳에 있었다. 그때 그곳은 하루에 버스가 한 번만 들고나는 한촌閑村이었고 땅 끝이었다. 내가 그곳에 도착한 것은 거의 밤중이었다. 하나뿐인 여인숙에 여장을 풀고 방파제 끝에 있는 등대로 나갔다. 파도가 내 키를 넘었다. 나는 방파제 끝 등대까지 갔다. 아무도 나를 말리거나 주의를 주는 사람도 없었다. 나는 그곳에서 술을 마셨다. 파도는 거셌다. 나는 그 파도를 피하지 않았다. 온몸으로 파도를 받으면서 이 바다에서 죽으려고 했다. 그러나 나는 죽질 못했다.

회한과 탄식의 일흔을 앞두고 다시 이 바다에 섰다. 내가 죽기로 결심했던 그 등대로 가는 방파제는 없어졌지만 바다 끝에는 전망대가 설치되어 있었다. 그 때처럼 파도가 그렇게 거세지는 않았지만 올해 들어 처음 닥친 추위로 인해 파도는 제법 전망대 끝을 때리며 솟아올랐다. 한 편의 글로, 하나의 문장으로 내 이 생애의 섬광 같은 순간들은 다 글 속에 가두어 둘 수는 없겠지만 추억하면 생생하고 아프다. 고향을 떠나본 사람들은 알리라. 고향의 것들은 이미 없어졌다는 것을, 옛날의 그 낡은 여인숙도, 먼지를 뒤집어쓴 채 외롭게 서있던 구멍가게도 없다는 것을.

고향의 노래를 부를 수 없다고 해서 고향이 사라지지 않듯이 내 가슴속에는 오늘과는 다른 50여 년 전의 모습들이 더욱 견고하게 자리 잡고 있었다. 어느 시인의 말처럼 "술은 내가 마셨는데 취하기는 바다가 취"한 것인가. 들이치는 파도는 나를 덮치듯 솟아오른다. 남은 술을 고수레하듯 바다로 향해 던졌는데 포말이 되어 내 얼굴로 되돌아왔다. 눈물인가, 술인가, 바닷물인가. 찝찝한 물기가 입으로 흘러들었다.

해가 지고 있었다. 그 때 어찌 자고 그 노래가 생각났을까? 젊었을 때 목이 메어 불렀던 그 노래가.

광막한 광야를 달리는 인생아!
너는 무엇을 찾으려 왔는가.

등 떠밀리듯 바람에 밀려 나는 그곳을 떠났다.

간이역에서

한 사내가 누군가를 기다리고 있다. 연신 시계를 보면서 창밖을 힐끔거리면서 초초히 누군가를 기다리고 있다. 해는 뉘엿뉘엿 넘어가는데 고개를 빼고 창밖을 보다가 일어서서 손바닥만 대합실을 한 바퀴 돌고는 도로 벤치에 앉아서는 두터운 손으로 얼굴을 한 번 쓱 문지른다. 검게 그을린 얼굴에 낮술이라도 한잔했는지 눈에는 핏발이 서 있다. 초겨울인데도 불구하고 두터운 오리털 파카를 걸쳤고 손에 든 가방은 마치 군인들의 더블백처럼 크고 투박해 보였다. 공사판을 떠도는 막노동꾼처럼 보였다.

겨울이 오는 길목이다. 비발디의 우울한 현絃의 소리가 무거운 발걸음으로 다가오듯, 을씨년스러운 11월 중순이다. 사내는 아마 먼 여행을 떠나는 듯하다. 마지막으로 누군가를 보고 떠나고 싶어 이렇게 서성거리는 듯하다. 기차가 오려면 아직 멀었는지 역 구내는 개미 새끼 한 마리 얼씬하지 않는다. 사내는 담배를 한 대 피워 물고는 창밖으로 목을 뺀다. 역 광장 역시 아무도 보이질 않는다. 한바탕의 바람이 불 때마다 돌개바람이 역 광장의 각종 쓰레기를 말아 올린다. 하늘마저 낮게 가라앉아 추수가 끝난 텅 빈 들판은 허무해 보였다. 잠깐씩 구름 사이로 내비치는 햇살이 그래도 포근했는지 간 큰 참새 몇 마리가 낡고 삭아버려 곧 바스라질 것 같은 허수아비 머리 위에 앉아 한가롭게 해바라기를 하고 있다.

까치 한 마리가 역사 옆 감나무 꼭대기에 앉아 마지막 남은 홍시에 주둥이를 박고 있다. 한 무더기의 아이들이 롤러스케이트를 타고 광장을 한 바퀴 돌고는 바람처럼 사라진다. 사내는 아이들이 몰려올 때는 역사 바깥까지 나와 주위를 살피다가 그들이 사라지자 다시 역사 안으로 들어가 벤치에 고개를 숙이고 땅을 내려다보며 한숨처럼 담배연기를 뿜어낸다.

어렸을 때 나는 종착역에서 엄마를 기다렸다. 종착역이지만 울타리도 없고 역사 하나만 덩그렇게 있는 간이역이었다. 방학이 끝나면 엄마는 나만 빼놓고 형님과 누나만 데리고 대구로 나갔다. 그런 날은 아침 일찍 일어나 밥도 안 먹고 역으로 달려 나왔다. 집에서는 아이가 없어졌다고 난리가 난다. 나 모르게 언제 갈지 모르니까 나는 엄마가 차를 타러 오는 시간까지 석

탄더미 위에 올라가 미끄럼도 타고 미루나무에 올라가 휘파람도 불면서 엄마를 기다렸다. 차 시간이 임박해 오고 멀리서 엄마가 오는 것이 보이면 나는 먼저 객차에 올라타 버린다. 그러면 역장까지 동원돼 나를 끌어내리지만 나는 내리지 않으려고 발버둥을 치고 패악을 부리며 운다. 따라가겠다고, 나를 데리고 가라고 고래고래 소리를 지렀다.

한번은 간신히 나를 떼 놓고 기차를 출발시키려는데 나는 잡고 있는 역장을 뿌리치고 기차바퀴 밑으로 들어간 일이 있었다. 사람들이 새파랗게 질렸다. 그런데도 기차는 나를 떼어 놓고 떠났다. 기적 소리를 울리며 모퉁이를 돌아나가는 기차가 그렇게 원망스러웠고 기적 소리마저 자취를 감추고 정적만이 감돌 때 그렇게 외로울 수가 없었다. 나는 퍼더앉아서 오래오래 울었던 기억이 난다.

매번 그런 소동을 피우니까 한번은 버스를 타고 앞 역으로 가서 거기서 기차를 타고 간 일이 있었다. 나는 그것도 모르고 하루 종일을 그 역에서 기다렸다. 해는 뉘엿뉘엿 지고 찬바람은 목덜미를 파고드는데 엄마는 오지 않았다. 대신 할머니가 왔다. 할머니는 내 손을 잡고 "엄마는 마 갔다." 하면서 "불쌍한 내 새끼." 그러면서 추위에 싸늘해진 내 귓불을 만지더니 당신 목에 둘렀던 무명수건을 내목에 둘러 다독거려 주는 것이었다.

그 때 나는 지난여름처럼 패악을 부리며 울지 않았다. 그저 눈물이 쉴 새 없이 흘러내렸다. 집으로 오는 길이 그렇게 멀

수가 없었다. 차라리 패악을 지르며 우는 게 낫지, 저 혼자 서럽게 우는 손자가 가여웠던지 할머니는 눈깔사탕을 하나 사 주었지만 나는 먹지 않았다. 그날 밤 나는 아무것도 먹지 않고 이불을 뒤집어쓰고 내내 흐느꼈다.

멀리서 기적 소리가 울린다. 사내는 벌떡 일어나 절박한 눈빛으로 광장을 살핀다. 그가 보는 시야에는 아무도 없다. 그저 바람만이 광장의 먼지를 쓸고 지나간다. 그는 담배를 떨어뜨리고는 천천히 구둣발로 짓이긴다. 단념한 듯 몸을 돌려 개찰구 쪽으로 천천히, 아주 천천히 걸어 나간다. 그러다 몸을 돌려 이쪽을 보면서 뒷걸음으로 나간다. 그래도 시야에는 아무도 보이지 않는다. 건널목을 건너고 기차가 들어오는 플랫폼에 서서도 그는 이쪽에 시선을 떼지 못한다. 산모퉁이를 돌아오는 기차가 기적을 한 번 더 울린다. 역원 하나가 빨간 깃발을 들고 맞은편 플랫폼으로 건너간다. 잠시 사이 기차가 들어선다. 객차에 가려 사내의 모습은 보이지 않는다. 기차는 기적을 한 번 울리더니 서서히 출발을 한다. 기차가 출발을 하자 사나이는 보이지 않는다. 대신 기차가 떠나면서 내뿜은 뜨거운 바람으로 벤치 옆에 서있던 무궁화의 앙상한 마른 가지만 한동안 흔들렸다.

그는 아마 돈을 벌러 멀리 가는 것이리라. 그의 아내에게 같이 가자고 사정을 하면서 이제는 속 안 썩이고 술 안 마시고 착실하게 살겠다고 무릎 꿇고 다짐도 했을 것이리라. 아니, 아내는 그렇다 치더라도 아이의 얼굴이라도 한 번 더 볼 심산으로 그렇게 머뭇거린 것이리라. 짐작으로는 사나이는 다시는 이 땅을 밟지 않을 것이다.

혼자서 떠난 그 사내가 그렇듯, 혼자 있는 모든 것들은 외롭고 쓸쓸하다. 점심때가 지나 혼자 식당에서 밥을 먹는 남자. 해걸음에 텅 빈 찻집 테이블에 마지막 손님이 덩그러니 남기고 간 찻잔 하나. 그 위로 떨어지는 초겨울의 햇살. 남들은 다 출근하는 월요일 아침, 혼자서 고개를 숙이고 타박타박 산을 오르는 중년 남자. 깊은 산속, 눈 속에 파묻힌 작고 낡은 집 한 채. 그 옆에 외롭게 서 있는 소나무 한 그루, 길섶에 아무렇게나 피어있는 들국화 한 송이. 날은 어둑어둑해지는데 동네 어귀 느티나무 밑에서 어깨를 움츠리고 읍네 나간 엄마를 기다리는 아이의 울듯한 표정. 상복喪服 입은 여자. 이런 혼자 있는 것들은 대개가 그렇다.

싸늘하게 식어버린 자판기 커피를 마저 마시고 나는 역 대합실을 나왔다. 땅거미가 지고 있었다. 사내는 갔지만 바람은 여전했다. 겨울의 길목에 들어선 듯 상점들은 문을 닫고 사람들은 종종걸음을 쳤다.

참 외롭고 쓸쓸한 풍경이다. 겨울이 가기 전에 이 풍경을 담아야 한다.

이 황량하고 외로운 아우라(aura)를 나는 필름에 담아낼 수 있을까?

가을 산사山寺에서

스님이 끓여준 차 한 잔을 받쳐들고 잘 빗질된 절 마당에 자살하듯 떨어지는 햇살을 본다. 이가 시리도록 파란 하늘 아래 붉은 피를 토하듯 처연하게 바람에 흩어지는 낙엽들이 마치 굵은 빗줄기 같고 감기약을 먹은 듯 약간의 미열로 하여 일체의 소리가 멍하다. 한 번도 가 본 일이 없는 저승의 강가가 이렇게 고요할까? 시간이 정지해 버린 것 같다. 간간이 풍경風磬 소리가 적막을 깨긴 하지만 그것도 그냥 정적이다.

스님도 말이 없다. 차가 식어진 듯하자 스님은 다시 차를 부어준다.

동자승 하나가 마당을 가로질러 가다 스님의 눈길을 받고서는 공손히 합장을 하고 종종걸음으로 명부전冥府殿 쪽으로 사라진다. 그 뒤를 따라 다람쥐 한 마리가 재빠르게 따라 붙다 문득 선방 쪽을 유심히 보더니 스님과 눈을 맞추고는 황급히 사라진다. 스님의 입가에 미소가 가득하다.

가을 산행길에 오래전 신세진 스님이 계신가 하여 들렀더니 그 스님은 간 곳이 없고 낯선 스님이 맞는다. 차나 한잔하고 가라는 스님의 말씀에 염치도 없이 찻잔을 들고 앉았다.

"산이 우는 듯합니다."

아! 그렇구나. 굵은 눈물방울을 떨어뜨리면서 우는구나. 피눈물을 흘리면서 우는구나. 그리고는 말이 없다. 열린 선방 사이로 보이는 산은 피를 토한다. 바람이 불 때마다 허무처럼, 눈물처럼 낙엽이 흩뿌려진다. 유난히 더웠던 올여름의 격정을 이겨낸 인내의 색깔이라서일까. 스님의 이마 위로 떨어지는 오후의 햇살이 스님의 주름을 더욱 더 깊게 한다. 침묵으로 가르치시는 걸까. 치열한 삶의 넋과 같은 저 미련 없는 낙하落下를 배우라고 눈길로 가르치는 걸까. 그래서 그런지 스님의 얼굴에서 편안함보다는 허무가 느껴진다.

선방을 나서 절 마당에 서니 멀리 섬진강이 보인다. 오후의 햇살을 받아 표백되게 널려진 하얀 광목 같은 강폭에 은어라도 잡는지 배 한 척이 한가롭다. 화선지에 먹을 듬뿍 뿌려 명암의 콘트라스트만을 짙게 살린 한 폭의 수묵화 같다.

이 말사末寺까지 고단하게 올라올 중생도 드물겠지만 오늘따라 유난히 사람이 뜸하다. 다시 한 번 스님께 눈길이라도 주어야 할 것 같아 선방을 돌아보니 문은 완강하게 닫혀 있고 댓돌 위에 햇살만 눈부시게 흩어진다.

선방 뒤를 돌아가니 석간수가 맑은 비파 소리를 내면서 떨어진다. 조롱박으로 한 잔을 들이켜자 입안에 남은 녹차의 은은한 맛과 어울려 상큼하다. 이 깊은 산중에서 스님은 무슨 생각을 하시면서 사실까. 이런 고요 속에서 자살을 하고픈 충동을 느끼는 사람은 없을까. 몇 번을 왔는데도 와 본 적이 없는 것 같은 낯섦은 마음을 더욱 황량하게 한다. 참 부지런히 살아온 세월이었는데 한때의 가인佳人은 어디로 가고 하릴없이 한가하게 이곳에 혼자 와 있다니. 삶이란 자신의 의지대로 살 수가 없을 때 이미 그건 이미 삶이 아니다.

남들은 조기퇴직이니 뭐니 해서 일찌감치 나앉았지만 그래도 나는 정년퇴직까지 했으니 참 행복한 편이라고 위안을 해보지만, 가슴에 부는 찬바람은 어쩔 수가 없다. 어느 날 아무에게도 알리지 않고 배낭 하나 짊어지고 지구의 끝까지 헤매다 소리도 없이 사라지고 싶다는 생각도 했다. 나를 위해 존재했던 모든 것들이 갑자기 그 의미가 없어지는 것 같은 허전함에 옛 추억을 더듬어 혼자서 산행을 나선 것이다. 열정은 있지만 뜻을 펼 마당이 없고, 아직도 세상을 사랑할 수 있는 절절한 패기도 있지만 망설임이 앞선다. 젊었을 때의 실수는 만회할 기회가 있지만 만년晩年에 실수를 하면 무덤까지 안고 갈 수밖에 없다는 부담감이 주춤거리게 한다.

잠시 옛 생각에 잠겨 있는 사이 어느덧 땅거미가 지면서 공양간에서 밥 짓는 저녁연기가 산허리를 휘감는다. 운무처럼 설핏하게 흩어지는 저녁연기는 막연하게 길 나선 자의 또 다른 슬픔이다. 어렸을 때의 고향이 생각나고, 어머니가 생각나고, 그 고향을 떠나 객지에서 말똥처럼 구르고 천대받고 떠돈 자신의 가엽고 상처받은 영혼이 불쌍해 콧등이 시큰해진다. 그러다 문득 고향 친구들도 떠올린다. 이런 강퍅한 세상에 가진 것 없이 맨몸으로 도회에 나와 악바리처럼 살다 보니 고향에 갈 시간도 없었고 만날 시간도 없었던 친구들이다. 그러나 혹 그들을 만난다 하더라도 오랫동안 서로 다른 생활을 해온 탓에 생기는 서먹함이나 괴리감 때문에 별로 할 말이 없다는 것도 너무 잘 알지만 왠지 얼굴이라도 보고 싶은 것은 이 가을, 텅 빈 산사의 저녁이 가져다 주는 감상일 것이다.

"띵!" 하고 종이 울린다.

대웅전 입구에 자리한 본절의 종각에서 한 스님이 멀리서 보기에도 무심하게 종을 친다. 풍경風景은 무심한데 소리는 심장을 때리듯 둔중하다. 적막하던 산사가 갑자기 깨어난다. 숨을 죽이고 스님의 해탈을 지켜보던 산새들이 일제히 날갯짓을 하면서 숲을 날고, 바람이 대숲을 훑는다.

산사에 어둠이 깔린다. 선방에 불이 들어오고 사위는 다시 정적에 빠져든다. 잠시 잠잠하던 바람이 대웅전 뜰을 쓸고 지나간다. 외로움을 견디다 못해 곡주로 목을 축이려고 산문을 나서니 절 마당을 휘돌던 바람이 휘파람 소리를 내며 나그네의 등을 밀어낸다. 일주문 옆에 있는 느티나무에는 아이들이 띄우다 놓쳐버린 가오리연鳶 하나가 외롭게 펄럭이고 있다.

바람에 떠밀리듯 절을 내려오다 입구에 있는 전통찻집의 불빛이 따뜻해 보여 차나 한 잔 마시려고 걸음을 옮기는데, 찻집에서 흘러나오는 불빛을 등지고 낙엽이 바람에 쓸려 가는 거리를 심란한 얼굴로 내다보고 있는 한 여인의 모습이 나보다 더 쓸쓸해 보여 그냥 지나쳤다. 아마 그녀도 옛 사랑을 추억하고 있으리라.

허름한 목롯집에 앉아 산채山菜를 안주로 술을 마셨다. 혼자서 마시는 술은 빨리 취한다. 그 날 저녁은 정신이 나가도록 술을 마셨다.

나는 어쩔 수 없는 속물인가 보다.

꽃의 의미

햇살은 눈물나게 좋은데 애기똥풀이 지천으로 깔린 방천 둑에 누워 나는 코피를 흘리고 있었다. 노란 꽃 때문인지 현기증 때문인지는 몰라도 하늘은 노랬다. 세상은 너무 고요했고 육신은 한없는 나락으로 떨어지고 있었다. 언뜻 잠이 들었는지 기절을 했는지 모르지만 내가 잠이 깼을 때는 오슬오슬 추워왔다. 등교를 하다가 허기가 져 잠시 앉아 있다는 것이 한나절이 가 버렸다. 간신히 몸을 추슬러 자취집으로 다시 돌아와 우물물 한 바가지 마시고는 누웠다. 아스피린을 먹을 때와 같은 미열과 혼돈混沌으로 까무러치듯 잤다. 죽음의 잠이 그러하리라. 3개월째 생활비가 오지 않았다. 나는 버려진 아이처럼 고독했다. 토요일은 하숙하는 아는 형을 찾아가 빌붙어 밥 한 순갈 얻어먹고, 일요일엔 시골에서 유학 온 손자 밥해 주려

와 있는 고모 집에 찾아가 염치없이 구걸했다. 그리고 오전에 체육시간이 들어있는 날은 빈 교실에 남아 동급생들의 도시락을 훔쳐 먹었다.(도시락을 엎어 밑바닥에서 두어 숟갈씩 몇 사람의 점심을 걷어 먹었기 때문에 한동안 들키지 않을 수가 있었다.)

내가 고등학교에 입학하던 해 나의 보호자인 형은 시골로 발령이 났다. 시골로 내려가면서 형은 우리 형편에 너를 하숙은 물론이고 자취도 시킬 처지가 못 되니 시골 학교로 전학을 오든지, 아니면 네가 알아서 살든지 택일하라며 매정하게 낙향해 버렸다. 그리고는 생활비를 보내지 않았다. 모두들 들어가고 싶어 하는 명문학교인데 나는 그걸 팽개치고 시골로 갈 생각은 추호도 없었다. 캄캄한 방안에서 무릎을 끌어안고 '나는 살아야 하는가, 죽어야 하는가.'를 수도 없이 되뇌었다. 17세의 봄은 그렇게 비정했다. 배고픔보다 외로움에 더 서러웠고 일찍 알아버린 허무의 칼날에 생살이 찢기는 아픔을 맛보았다. 결국 나는 여름방학까지 기다리지 못하고 휴학을 하고 낙향했다. 그 바람에 나는 또래들보다 2년이나 늦게 졸업을 했고 그로 인해 당하지 않아도 되는 수모도 당했다. 나는 살아가면서 수많은 절벽을 만났지만 그때의 그 절벽보다 절박하지는 않았다. 아니 오히려 나에게 용기를 주기도 했다. 그때도 견디어 내지 않았는가? 늘 그렇게 오기로, 또 마지막이라는 심정으로 도전했다. 라디오 PD에서 텔레비전 PD로 옮겨올 때도 그랬다. 내가 하고 싫은 일인 만큼 죽을힘을 다해 보자. 그렇게도 안 된다면 스스로 나가자. 그때는 포장마차라도 한다. 난관에 부딪칠 때마다 나는 그 시절의 절망이 생각났고 노랗던 하늘과 꽃과 줄줄 흘러내리던 코피가 생각났다. 아! 그때도 살아났거늘.

세월이 흐르고 나도 이제 늙어 봄꽃을 몇 번이나 더 볼 수 있을는지는 알 수 없지만 해마다, 해마다 봄꽃은 같을지 몰라도 해마다 그 느낌은 같지 않을 것이다. 매번 새로울 것이다. 그러나 이 봄이 내게 유난한 것은 그때 그 시절처럼 갯가를 따라 노랗게 핀 '애기 똥풀' 때문이리라. 나는 그 풀을 보는 순간 하늘이 노랗게 보였고 현기증이 일었으며 허기진 사람처럼 속이 쓰라려왔다. 숙부에게 쫓겨 영월로 귀양 온 17세의 단종이 '피 눈물 흘러 봄꽃이 붉게 보였듯이(血淚春谷落花紅)' 그 나이의 나 역시 허기져 봄꽃이 노랗게 보였던가? 여기저기 떠돌며 삶에 지쳐 어디든 배곯지 않고 머물 수 있으면 만족하던 유랑의 시대. 그 시대의 봄이 떠올랐다.

해 질 녘 나는 그런 제방을 천천히 걸었다. 이제 막 싹이 돋기 시작한 들판에는 떼 지어 까마귀들이 앉아 있었다. 얼음이 녹은 강물은 자혜로운 어머니처럼 산자락을 휘돌아 흐르고 유난히 추웠던 겨울 이야기를 하듯 흐느꼈다. 죽음의 자리에서 삶을 생각하고, 삶의 자리에서 죽음을 생각하듯 봄의 자리에서 슬픔이 생각났다. 만남과 이별, 빛과 어둠의 생성 소멸이 생각났다.

냇가 제방에 앉아 꽃을 꺾어 코 가로 가져가 냄새도 맡아보았다. 향기가 없었다. 나는 그 야생화를 들고 한참을 앉아 있었다. 그리고 올해의 짧은 봄을 생각하고 허망하게 져버린 꽃의 낙화를 생각했다. 밝은 햇살과 화려한 꽃송이를 보면서 대부분의 사람들은 거기서 희망을 생각한다. 그러나 눈 밝은 사람은 알리라. 그 짧은 봄의 허무와 낙화의 무상함을. 올봄은 오는가 싶더니 갑자기 한파가 닥치고 눈발까지 휘날렸다. 그 서슬에 꽃들은 잔뜩 몸을 웅크리고 방울을 터뜨리길 거부했다. 봄은 민들레 갓털이 그렇듯 가볍게 왔다가 순간적으로 가버렸다. 나는 날마다 마당에 나가 벚나무를 올려다보고 진달래도 만져보고 개나리 뿌리를 확인해 보았다. 사과나무는 거의 죽은 듯했고 작년에 겨우 살아나던 대추나무도 얼은 듯했다. 봄이 깊어 갈수록 뜰안을 어슬렁거리며 그 옛날처럼 깃털 같은 봄 햇살을 즐기며 꽃을 기다렸다. 그런 내 기대와는 달리 나는 벚꽃 아래 술 한 잔 마시지를 못했다. 3~4일 잠깐 힘없이 꽃 몇 송이를 선보이더니 후두두 떨어지고 말았다. 봄은 그렇게 허망하게 가버리고 말았다. 진달래, 개나리도 예년에 비해 짧게 잠깐 피더니 지고 말았다. 누가 노래하지 않았는가. '그대 보지 못하였던가? 봄은 잠시 왔다간다는 것을.'

소멸하는 꽃의 의미를 생각한다. 꽃이 져야 열매가 맺힌다(花落豈無實). 꽃이 찬란할수록 열매는 충실하다. 제 한 몸 던져 결실을 맺는 꽃 의미는 생의 의미와 크게 다르지 않으리라.

그러나 꽃 피우지 못하는 씨앗이 있고 열매 맺지 못하는 꽃도 있으리라.

봄에도 일종의 슬픔이 있다. 꽃의 의미도 그러하리라.

술 권하는 사회

할아버지는 술을 참 즐겨 드셨다. 많이 드시는 것도 아니고 꼭 한 잔씩 그것도 반주로 드셨다. 동향집이라 아침 햇살이 안방까지 가득하고 창호지를 뚫고 들어온 부드러운 햇살이 한 잔 걸치시고 벽에 기대앉으신 할아버지의 얼굴에 비치면 당신의 얼굴은 잘 익은 홍시 같았다.

"할배요, 술 맛있는교?" 하고 물어보면 할아버지는 말없이 내 얼굴을 끌어당겨 당신의 허연 수염 난 얼굴에 비비대곤 했다. 가난했던 시절이라 가끔 요기 대신 할머니가 술 지게미를 주곤 했는데 그걸 먹고 어지러워 혼난 일이 있었기에 도대체 그걸 왜 마시는지 이해가 되질 않았다. 세월이 한참 지난 후에야 할아버지는 5대 독자의 손 귀한 집안에서 하나뿐인 아들을 잃고 어린 손자와 함께 지내는 자신의 처지가 주체할 수 없을 만큼 부끄러워 그랬을 것이라는 생각이 든다.

나는 지금 옛날 할아버지가 그랬던 것처럼 술을 즐긴다. 그렇다고 술을 많이 먹고 주정을 한다거나 정신을 잃고 개망나니 짓을 하는 따위의 술주정뱅이는 아니다. 나는 지금에 와서야 할아버지가 술로 달랜 고적孤寂을 이해할 것 같다. 가끔 비가 온다든지 바람이 부는 날 나는 혼자서 술을 마신다. 외로울 때, 누구에게도 내 슬픔을 말할 수 없을 때 속으로만, 속으로만 생의 고뇌를 삭여야 할 때 술 마시는 버릇은 할아버지를 닮았다. 술집에서 혼자 마시는 경우가 없는 것은 아니지만 남들에게 처량하게 비치는 것도 자존심이 상해 나는 집에서 가족들 잠든 밤에 혼자서 마신다.

술은 확실히 위안이 된다. 나의 문학적 기질이 술을 당기게 했는지, 내 멋에 내 풍류에 취해 술을 마시다 보니 술을 좋아하게 되었는지는 알 수는 없지만 술은 내게 있어서 절망을 건너뛰는 징검다리다. 고래고래 소리치고 싶고 누구에게라도 종주먹을 들이대고, 삶이 왜 이래야 하는지 따지고 싶어도 술을 마시면 정화가 된다. 사는 게 다 그런 것이라는 것을 모르는 것은 아니지만 어쩐지 억울하고 어디 분풀이라도 해야 할 때 나는 술을 마시고 운다. 이불을 뒤집어쓰고 운다. 그래서 절망스러울 때, 감당하지 못한 시련이 다가올 때 나는 용감하게 싸우는 것이 아니라 스스로 포기할 때가 많다. 술을 마시고 그냥 체념해 버린다. 그리고 다시 시작하는 데는 상당한 시간이 걸린다.

나의 인생은 한달음이 아니다. 주춤거리면서 머뭇거리면서 여기까지 왔다. 때로는 의지박약하다는 비난도 들었다. 그러나 나는 인생에서 아무리 발버둥쳐도 안 되는 것이 있다는 것을 너무 일찍 배웠다. 17세의 어린 소년이 눅눅하고 축축한 골방에서 배가 고파 웅크리고 있을 때 살겠다는 의지보다는 죽고 싶다는 절망감에서 자학적으로 술을 배웠다. 때로는 석파石破의 파락호 시절을 흉내 냈고, 때로는 30년대 문인들의 허무적 행동을 일삼으면서 세상을 비웃었다. 꽃이 지면 꽃이 진다고 짐짓 시인인 척 술을 마시고 기쁘면 기쁜 대로 갖은 핑계를 대 마셨다.

동양에서 술은 시대를 조롱하는 은자隱者들의 무언의 반항이다. 짐짓 술에 취하듯 진의眞意를 숨기고 불의와의 타협을 거부한다. 그래서 문을 닫고 세상을 거부하고 거문고나 타면서 난세를 비웃기도 한다. 마음 맞는 친구들과 밤새 마시고 그마저 없으면 달 밝은 밤, 술잔에 뜨는 달을 벗삼아 마신다. 지조 있는 선비는 선불리 세상에 눈 돌리지 않고 고담준론을 일삼으면서 자연과 술로 소일한다.

兩人對酌 山花開(꽃 피는 산중에 둘이 앉아 마시노니)
一杯一杯復一杯(한 잔 한 잔 끝이 없네)
我醉欲眠卿且去(내 취하니 그대 이제는 돌아가게나)

明朝有意抱琴來(혹시 내일 아침에도 마음이 내키면 거문고를 안고 다시 오게나)

이백의 시다. 숱한 문인들이 술로 인해 그들의 문학이 완성되었음은 변영로의 〈명정酩酊 40년〉을 읽어보면 안다. 천상병이 주옥같은 시를 남겼던 것도 술의 순수함을 빌려서였다.

"한 잔의 술을 마시고 버지니아 울프의 생애와 목마를 타고 떠난 숙녀의 옷자락을 이야기한" 박인환의 낭만도 술이었다.

그래서 한국에서의 술은 절망을 견디는 희망의 노래다. 얼마나 많은 사람들이 그들이 절망할 때 술을 마시고 술상을 치고 고함을 내질렀던가. 술이 없었다면 이 가파른 역사의 고개를 넘어 어떻게 여기까지 올 수 있었을까? '술 권하는 사회'를 우리는 얼마나 많이 경험했던가? 그래서 술에는 한숨이, 눈물이, 노래가 있다.

아버지의 눈에는 눈물이 보이지 않으나
아버지가 마시는 술에는 눈물이 절반이다.

김현승의 시다. 한국인은 술을 마시면서 울고 웃는다. 친구를 사귀어도 술이 있어야 하고 불같은 사랑에도 술은 빠지지 않는다. 거문고를 타고 권주가를 부르고 삶의 허무를 말한다.

먹세그려, 또 한 잔 먹세그려

꽃 꺾어 산算 놓고 무진무진 먹세그려
이 몸 죽은 후면 ………뉘 한 잔 먹자 할꼬

하는 송강松江의 권주가가 그러하지 않는가?

그러나 서양에서는 관점이 다르다. 그리스 신화에서 '디오니소스'는 술의 신神이다. 술의 신 디오니소스는 인간 안에 존재하는 광기와 비합리성을 대변하는 신이다.

서양에서 술에 취해 주정을 부리면 곧 격리, 수용되지만 우리는 술에 취해 파출소에서 소동을 부려도 술 마신 것 자체를 문제 삼지는 않는다. 서양에서 절망을 이겨내는 방법은 주로 아편이다. 그것은 파멸을 의미한다.

한 남자가 슈퍼마켓에서 술병을 카트에 담는다. 이어지는 장면에서는 그 남자는 손이 떨려 수표에 서명도 못한다. 그는 알코올 중독자다. 젊었을 때 빛나던 그의 재능을 이제는 아무도 필요로 하지 않는다. 마지막 퇴직금을 받아든 그는 라스베이거스로 떠난다. 그는 거기서 한 여자를 만난다, 거리의 여자를. 둘 다 밑바닥 인생이다. 서로를 간섭하지 않는다는 조건으로 동거를 하지만 사랑은 언제나 간섭을 전제로 한다.

여자는 남자에게 술병과 붉은색의 와이셔츠를 선물한다. 남자도 여자에게 귀고리를 선물하면서 말한다. "호텔 방에서 낯선 남자와 누울 때, 귀고리의 차가운 감촉을 느낄 거야."라고.

서로 간섭하지 말자고 했던 남자가 매춘을 하고 있는 여자에게 불편한 감정을 드러낸다. 그러면서 그들은 조금씩 당황한다. 남자는 그런 부담을 위악僞惡으로 가장한다. 창녀의 방으로 다른 창녀를 끌어들여 성관계를 가진다. 아무리 창녀라도 자기가 사랑하는 남자가 다른 여자와 잠자리를 같이한다는 것을 용서하거나 방관하지는 않는다.

둘은 곧 헤어지고 남자는 무작정 술만 마시고 끝내는 허름한 모텔에서 마지막 숨을 몰아쉰다. 연락을 받고 달려온 여자는 죽어 가는 그를 바라보면서 이 세상에서 가장 아름답고 슬픈 마지막 섹스를 한다. 남자는 고통과 방황의 마지막 끝자락에서 여자의 품에 안겨 잠든다. 영화 〈라스베가스를 떠나며〉다.

이 잔상은 오래간다. 누구에게 심하게 얻어맞은 것처럼 가슴에 통증이 남고 등골을 타고 전율이 흐른다. 이토록 로맨틱하고 순수한 사랑이 있었던가. 그 처절함이 오래도록 잠 못 이루게 한다.

이처럼 술은 서양에서는 죽음을, 동양에서는 삶을 전제로 한다.

서양에서의 술은 절망 그 자체지만, 동양에서의 술은 절망을 희망으로 환치換置 시키는 낭만이기 때문이다.

나는 이 나이에도 추적추적 가을비가 나리는 저녁이나 목마르게 사랑이 그리울 때면 술이 먹고 싶어진다.

■ 연보

1946년 출생

1971년 KBS 입사

1981년 인간극장 〈메아리가 사는 땅〉 연출로 데뷔

1981년 TV문학관 〈사라진 것들을 위하여〉(이문열 원작) 연출

1982년 TV문학관 〈돌의 초상〉(최인호 원작) 연출로 우수 프로그램상 수상

1983년 TV문학관 〈금시조〉(이문열 원작) 연출로 우수 프로그램상 수상

1984년 KBS대하드라마 〈독립문〉 연출

1985년 TV문학관 〈그 테러리스트를 위한 만사〉(이병주 원작) 연출로 우수 프로그램상 수상

1995년–1997년 서강대 부설 '방송아카데미'에서 '드라마 극본론' 강의

1986년 역사드라마 〈대륙의 밀사〉(백산 안희제 편) 연출로 우수 프로그램상 수상

1986년 문화의 달 특집 〈초혼가〉 연출로 우수 프로그램상 수상

1988년 창사특집 2부작 드라마 〈사로잡힌 영혼〉 연출

1988년 제1회 프로듀서상 수상

1988년 KBS 최우수 연기상 수상

1989년 백상대상 TV부문 최우수작품상 수상

1988년 방송대상 음악상 수상

1988년 논픽션 드라마 〈신혼여행에서 생긴 일〉 연출

1989년 독일 후트라(FURTURA)상 수상

1990년 TV문예극장 만취당기(원작 김문수) 연출 우수 프로그램상 수상

1990－1999년 드라마제작부주간, 제작주간, 드라마제작국장 등 역임

1996년 한국프로듀서상 심사위원장

1997년 드라마 이론서 〈TV드라마 바로보기 바로쓰기〉(박영률출판사) 출간

1997－2004년 '명지대사회교육대학원'에서 〈드라마분석론〉, '(D)서울문화예술대학'에서 객원교수로 〈드라마 작법론〉을 8년 강의

2000년 TV문학관 〈길은 그리움을 부른다〉(원작 이균영) 연출 우수프로그램상 수상

2000년 TV문학관 〈그곳에 바람이 있었네〉(원작 강석경) 연출 방송위원장상 수상

2001년 한국방송사상 최초의 대(大)PD 취임

2001년 TV문학관 〈홍어〉(원작 김주영) 연출 우수프로그램상 수상

2002년 드라마 연출 이론서 ≪TV드라마 연출론≫(창조문학

사) 출간

2002－2003년 청용영화제 심사위원 역임

2003년 TV문학관 〈누구에게나 마음속의 강물은 흐른다〉(원작 공지영) 연출

제10회 상하이TV페스티벌 백목련상(최우수작품상) 수상

2004년 ≪현대수필≫로 등단

2006년 TV문학관 〈노래여, 마지막 노래여!〉 연출

2006년 국제 드라마 페스티벌 Seoul Drama Award 기획위원

2007년 연예기획사 팬 엔터테인먼트 제작고문

2008년 수필집 ≪나 또한 그대이고 싶다(이유)≫ 출간

2010년 드라마 제작 이론서 ≪장기오의 TV드라마론≫(커뮤니케이션 북스) 출간

2012년 수필집 ≪사라지는 것은 시간이 아니다 우리다≫(연인 M&B) 출간

2015년 수필집 ≪누구에게나 마음속에 강물은 흐른다≫(수필과비평사) 출간

2016년 제21회 신곡문학상 수상

현대수필가 100인선Ⅱ · **38**
장기오 수필선
해인의 달

초판 인쇄 2016년 11월 7일
초판 발행 2016년 11월 14일

지은이 장기오
펴낸이 서정환
펴낸곳 수필과비평사 · 좋은수필사
주소 서울시 종로구 삼일대로 32길 36(운현신화타워 빌딩) 305호
전화 02)3675-5635, 063)275-4000 **팩스** 063)274-3131
등록 제 300-2013-133호
이메일 sina321@hanmail.net essay321@hanmail.net

ISBN 979-11-5933-064-3 04810
ISBN 979-11-85796-15-4 (전100권)

값 7,000원

이 도서의 국립중앙도서관 출판예정도서목록(CIP)은 서지정보유통지원시스템 홈페이지(http://seoji.nl.go.kr)와 국가자료공동목록시스템(http://www.nl.go.kr/kolisnet)에서 이용하실 수 있습니다.(CIP제어번호: CIP2016026837)